U0488831

长征

给青少年讲红色纪念馆里的故事丛书

一部伟大的史诗：
红军长征的故事

遵义会议纪念馆　编著

中原出版传媒集团
中原传媒股份公司
大象出版社
·郑州·

图书在版编目(CIP)数据

一部伟大的史诗：红军长征的故事／遵义会议纪念馆编著.— 郑州：大象出版社，2024.7
（给青少年讲红色纪念馆里的故事丛书）
ISBN 978-7-5711-2135-8

Ⅰ.①—… Ⅱ.①遵… Ⅲ.①中国工农红军长征-青少年读物 Ⅳ.①K264.409

中国国家版本馆 CIP 数据核字（2024）第 046809 号

给青少年讲红色纪念馆里的故事丛书

一部伟大的史诗：红军长征的故事
YI BU WEIDA DE SHISHI：HONGJUN CHANGZHENG DE GUSHI

遵义会议纪念馆　编著

出 版 人	汪林中
丛书策划	董中山
项目总监	张桂枝
项目统筹	孟建华　崔　征
责任编辑	王世栋　戴　慧
责任校对	毛　路　牛志远
装帧设计	付锬锬
责任印制	张　庆

出版发行　大象出版社（郑州市郑东新区祥盛街 27 号　邮政编码 450016）
　　　　　发行科　0371-63863551　总编室　0371-65597936

网　　址	www.daxiang.cn
印　　刷	河南瑞之光印刷股份有限公司
经　　销	各地新华书店经销
开　　本	720 mm×1020 mm　1/16
印　　张	11.75
字　　数	116 千字
版　　次	2024 年 7 月第 1 版　2024 年 7 月第 1 次印刷
定　　价	39.00 元

若发现印、装质量问题，影响阅读，请与承印厂联系调换。
印厂地址　武陟县产业集聚区东区（詹店镇）泰安路与昌平路交叉口
邮政编码　454950　　　电话　0371-63956290

丛书编委会

丛书策划

黄乔生　薛　峰　董中山　王刘纯

丛书编委

（按姓氏笔画排序）

马海亭　王小玲　卢润彩　史永平

李　游　杨　宇　杨长勇　陈　松

孟建华　袁海晓　高慧琳

本书编委会

主 编

陈 松

副主编

费侃如

编 者

王云丽

我们走过的路（总序）

"什么是路？就是从没路的地方践踏出来的，从只有荆棘的地方开辟出来的。"

漫长的古代，在世界文明发展的道路上，我们曾经长期领先。到了近代，中国开始逐渐落后。鸦片战争使得"天朝上国"的旧梦彻底破灭，两千多年的封建道路再也走不下去，并随即堕入半殖民地半封建社会的深渊。

百年中国近代史，是一部屈辱史、抗争史，更是一部探索史。然而探索的道路充满血泪艰辛。北洋舰队的覆灭宣告洋务运动破产，谭嗣同的流血冲淡不了戊戌变法的败局，"城头变幻大王旗"揭示出辛亥革命的无奈……列强环伺，生灵涂炭，中国前进的道路在何方？民族复兴之路在哪里？！

历史的重担落到了中国共产党肩上。"十月革命一声炮响,给我们送来了马克思列宁主义",经由五四新文化运动,马克思主义开始在中国广泛传播,1921年7月,在上海,中国共产党正式成立——中国革命的面貌从此焕然一新!

现在我们正走在中国特色社会主义的道路上,我们的国家和民族已经站起来、富起来,正在强起来。习近平总书记强调指出:"走得再远、走到再光辉的未来,也不能忘记走过的过去,不能忘记为什么出发。"

红色纪念馆能够告诉我们来时所走过的路,告诉我们为什么要出发——她是历史的积淀,是探索的记录,是前行的坐标。红色纪念馆用大量的实物、图片、文字、音视频等,浓缩了一段段难忘岁月,展现了一个个感人场景,记录了那些让我们不能忘却也无法忘却的重大事件和重要历程,彰显着我们昂扬的民族精神,温暖着我们砥砺前行中的心灵!

青少年是祖国的未来,是担当民族复兴大任的时代新人,更需要身怀梦想,牢记初心,不忘来时的路。为此,我们编写了这套"给青少年讲红色纪念馆里的故事丛书"，希望广大青少年在前行的道路上、在人生的"拔节孕穗期"，汲取更多的营养，积蓄更多的发展力量。

希望阅读这套图书，恰似行走在研学旅行的探索之路上，红色号角在耳畔嘹亮吹响；又似畅游在革命文化大河之中，乐观向上、坚韧不拔的东风迎面扑来。首先我们来到北京新文化运动纪念馆，看一看在那个风起云涌的年代，马克思主义如何传入中国，历史为什么会选择中国共产党；接着我们来到中国共产党第一次全国代表大会纪念馆，去感受"开天辟地创伟业"的神圣时刻、重温伟大中国共产党的创建；然后我们来到南昌八一起义纪念馆，目睹人民军队的诞生、建军大业的完成；我们来到井冈山，感受"星星之火，可以燎原"的力量；我们来到瑞金，追述一段红色故都的往事；我们来到遵义，去重温伟大转折、传唱长征史诗；我们来到延安，去拥抱那段难忘的革命岁月；我们来到八路军太行纪念馆，听一听中国共产党领导人民进行伟大抗战的故事；最后，我们来到西柏坡——这个时候，新中国已如一轮红日冉冉升起！

这就是我们走过的路。

这里面蕴含着我们的道路自信、理论自信、制度自信和文化自信。今天，"我们比历史上任何时期都更接近、更有信心和能力实现中华民族伟大复兴的目标"；"我们要一棒接着一棒跑下去，每一代人都要为下一代人跑出一个好成绩"。

这是历史的使命！

丛书编委会

2024 年 1 月

长征是一次理想信念的伟大远征（代序）

"人无精神则不立，国无精神则不强。"

红军长征，为我们留下了宝贵的财富，这财富不只是中国的，也是世界的。1937年，美国记者斯诺在《红星照耀中国》（又称《西行漫记》）一书中，将长征称为"激动人心的远征"。他说："它过去是激动人心的，现在它仍会引起世界人民的钦佩和激情。"将近半个世纪后，美国记者哈里森·索尔兹伯里在《长征——前所未闻的故事》中写道："阅读长征的故事将使人们再次认识到，人类的精神一旦唤起，其威力是无穷无尽的。"

长征，是指1934年10月至1936年10月间，中国工农红军主力自长江南北各革命根据地向陕甘革命根据地的大规模战略转移。

据统计，中央红军（红一方面军）长征从 1934 年 10 月至 1935 年 10 月，纵横十一个省份，长驱二万五千里，途中爬过十八座山脉，走过人迹罕至的茫茫草地，渡过二十四条河流，打过大小战斗三百多次；红二方面军（由红二、红六军团等于 1936 年 7 月组成）长征从 1935 年 11 月至 1936 年 10 月，行程近二万里，进行大小战斗一百一十余次；红四方面军长征从 1935 年 5 月至 1936 年 10 月，转战数省，行程一万余里，进行过大小战斗上千次；红二十五军长征从 1934 年 11 月至 1935 年 9 月，转战数省，行程近一万里，经历大小战斗数百次。

红军长征是世界战争史上的一座丰碑。以毛泽东为核心的中共第一代中央领导集体，在长征中的丰功伟绩是彪炳千秋、无与伦比的。他们在长征途中审时度势，巧妙用兵，指点疆场，率领红军战胜了难以想象的种种艰难险阻，以"不到长城非好汉"的雄才大略和坚强毅力实现了"三军过后尽开颜"的大会师局面。

中国工农红军长征的胜利，向全中国和全世界宣告，中国共产党及其领导的人民军队，是一支不可战胜的力量。在中央红军长征到达陕北以后，毛泽东曾经以诗一般的语言，歌颂了长征的不朽壮举。他说：自从盘古开天地，三皇五帝到于今，历史上曾经有过我们这样的长征吗？十二个月光阴中间，天上每日几十架飞机侦察轰炸，地下几十万大军围追堵截，路上遇着了说不尽的艰难险阻，我们却开动了每人的两只脚，长驱二万余里，纵横十一个省。请问历史上曾有过我们这样的长征吗？没有，从来没有的。

回顾那段苦难和辉煌的历程，红军将士在长征中所表现出来的坚定的共产主义理想、革命必胜的信念、艰苦奋斗的精神和一往无前、不怕牺牲的英雄气概，构成了伟大长征精神，它影响着我们党、我们国家和我国军队的发展，成为中华民族历史进程中一股强大的精神力量。正如习近平总书记在纪念红军长征胜利 80 周年大会上的讲话中所指出的："长征是一次理想信念的伟大远征。崇高的理想，坚定的信念，永远是中国共产党人的政治灵魂。中国共产党从成立之日起，就把共产主义确立为远大理想，始终团结带领中国人民朝着这个伟大理想前行。党和红军几经挫折而不断奋起，历尽苦难而淬火成钢，归根到底在于心中的远大理想和革命信念始终坚定执着，始终闪耀着火热的光芒。"

随着岁月流逝，伟大长征精神以其越来越深刻的魅力，吸引着更多的人到长征路上去追寻，去思考。在今天，伟大长征精神仍然鼓舞着当代青少年继往开来，奋勇向前。作为当代青少年，有责任、有义务大力学习和弘扬伟大长征精神。

遵义会议纪念馆是红军长征路上成立最早、规模最大、内容最丰富的纪念馆，从她成立起就一直把传承革命传统、弘扬伟大长征精神作为义不容辞的责任。特别是 1995 年，被团中央命名为"全国青少年教育基地"后，遵义会议纪念馆不断拓展爱国主义教育功能，致力于各种创新传播手段，不仅竭尽全力复原好会址、红军总政治部旧址等革命旧址，还修建了具有现代气息的大型陈列馆；同时，在北京、上海、浙江、福建、江西等省市举办巡展，向千千万万青少年讲述长征故事、传承红色基因，收到了良好的社会效益。

2019 年 3 月 18 日，习近平总书记在学校思想政治理论课教师座谈会上发表重要讲话并强调：青少年是祖国的未来、民族的希望。我们党立志于中华民族千秋伟业，必须培养一代又一代拥护中国共产党领导和我国社会主义制度、立志为中国特色社会主义事业奋斗终身的有用人才。在这个根本问题上，必须旗帜鲜明、毫不含糊。这就要求我们把下一代教育好、培养好，从学校抓起、从娃娃抓起。在大中小学循序渐进、螺旋上升地开设思想政治理论课非常必要，是培养一代又一代社会主义建设者和接班人的重要保障。同时，为向遵义会议胜利召开90周年献礼，我馆派员负责收集整理馆藏史料，结合青少年的思想、学习和生活实际，广泛参考了已出版的同类书籍（恕不在此一一列举），编著了《一部伟大的史诗：红军长征的故事》一书。本书以中央红军长征为主线，分为五个部分，通过独立的、悲壮的，或激动人心或感人至深或扣人心弦的故事，彰显那段特殊岁月红军将士同敌人进行的战斗，跨越江河，攀登海拔4 000米以上高山险峰，穿越了"死亡陷阱"的茫茫草地，用顽强意志征服了人类生存极限，创造了气吞山河的人间奇迹。

  我们知道，这本书不可能完全再现红军长征的情境和完全阐释伟大长征精神，但我们期望广大青少年通过对本书的阅读，透过这些红军长征中的真实故事，能感悟到今天幸福生活的来之不易，能加深对伟大长征精神的认识，能理解并为弘扬伟大长征精神而努力，使之成为青少年"走好今天的长征路"和走向未来的强大精神动力，从而促进他们健康成长。

陈松

2023年1月

目 录

第一部分
战略转移　开始长征......001

梅坑惜别......003

"鸽子飞了"......007

喋血湘江......012

周恩来搓稻谷......018

毛泽东挥泪送衣给"干人"......024

第二部分

强渡乌江　智取遵义......029

"神炮手"赵章成......031

智取遵义城......037

"万人大会"和军民篮球赛......042

红军进驻"柏公馆"......046

徐老爱书......052

红军坟的传奇故事......057

第三部分

遵义会议　伟大转折......063

服从会议决定的博古......065

敢于担当的周恩来......071

作"反报告"的张闻天......077

"有备而来"的毛泽东......081

旗帜鲜明的王稼祥......087

"不能再跟着走下去"的朱德......092

第四部分
四渡赤水　出奇制胜......097

运动战的光辉典范——四渡赤水......099

朱德亲自上前线......104

钟赤兵娄山关失腿一只......110

邓萍血洒遵义城......115

打落第一架敌机......119

红军与布依族首领陆瑞光结盟......124

第五部分
勇往直前　走向胜利......129

飞夺泸定桥......131

最后一次交党费......137

陈赓哭悼小红军......146

突破天险腊子口......150

根据地门外砍"尾巴"......157

附录　遵义会议纪念馆简介......165

后记......167

第一部分

战略转移
开始长征

1933年9月，蒋介石调动100万兵力，对红军和根据地进行第五次"围剿"，其中以50万兵力围攻中央革命根据地。这时，临时中央负责人博古（秦邦宪）依靠共产国际派来的军事顾问李德（又名华夫，原名奥托·布劳恩，德国共产党员）负责军事指挥。他们放弃过去几次反"围剿"中行之有效的积极防御方针，主张"御敌于国门之外"，采取堡垒战的冒险主义战略，使红军陷于被动地位；在进攻遭受挫折后，又采取保守主义的防御战略方针，实行分兵防御、"短促突击"，企图用阵地战代替游击战和运动战，同装备优良的国民党军队拼消耗，使红军处于不利的局势。

1934年4月中旬，国民党军队集中优势兵力进攻中央根据地的北大门江西广昌。经过18天血战，广昌失守。10月初，国民党军队推进到根据地腹地，中央红军主力被迫实行战略转移（即长征）。10月10日，中共中央、中革军委率中央红军主力86 000余人撤离根据地，踏上向西突围的征途。之后，1934年11月16日，红二十五军踏上长征之路。1935年5月，红四方面军共80 000多人分数路向岷江地区西进。1935年11月19日，红二、红六军团共17 000余人开始战略转移。

梅坑惜别

"五老"之一何叔衡被留下

1934年10月上旬，中央红军主力开始长征前夕，中共中央决定成立中共苏区中央分局和中华苏维埃共和国中央政府办事处，领导留在中央革命根据地的红二十四师、地方武装及党政机关的工作人员和红军伤病员共3万余人，坚持斗争。何叔衡就是被留下的人员之一。

在江西中央革命根据地，有五位德高望重的老同志，被尊称为"五老"，他们是58岁的何叔衡、57岁的徐特立、50岁的谢觉哉、48岁的董必武、48岁的林伯渠。1934年10月，中央红军主力突围西征。"五老"心里都明白这次出发不是一次短时期、短距离的行动，很可能要长期分别。走和留的同志都想在分别前各自为对方做点什么事，或留下点什么。

何叔衡是中共创始人之一，1921年出席了在上海召开的中共

第一行：从左至右依次为何叔衡、徐特立、谢觉哉；
第二行：从左至右依次为董必武、林伯渠

一大。1931年进入中央革命根据地后，当选为中华苏维埃共和国中央执行委员，任中央政府工农检察部部长，后又任内务部代部长、中央政府临时法庭主席。

何老是迫切希望随军远征的，他与董必武谈论红军转移的问题时，曾说自己年龄比董必武大10岁，但跑路比他快，并为长途行军准备了两双结实的草鞋。可是他怎么也想不到，自己的名字却在留守名单中。

何老是极重感情的人，当得知自己被留下后，特意到集市上买了点肉、鱼，杀了自己养的一只鸡，准备了清酒和花生米，在

瑞金云石山梅坑。1934年10月10日，红军总部机关人员从这里出发，前往雩都（今于都）县城北古田集结，开始长征

瑞金云石山梅坑住处设宴与谢老等好友告别，大家心情都十分沉重。饭后，何老将自己准备的两双草鞋送给了即将远征的战友，亲自用马将谢老送回住地叶坪，临别时，还把自己用过多年的怀表和一把小钢刀，送给谢老留作纪念。

当晚，何叔衡又备了清酒和花生米，请来即将远征的老战友、中央工农民主政府国民经济部部长、财政部部长林伯渠，两人促膝对酌，彻夜长谈，满腔激愤地谈论着日益严峻的时局。显然，二老不是为个人的生死在忧虑，而是为辛勤创建的根据地即将沦陷而痛心，为党中央的"左"倾错误得不到纠正而忧心忡忡。临别时，何老见天气渐渐变凉，征途艰难，便脱下身上穿的一件女儿特地为他织的毛衣，赠送给林老。林老接过毛衣，心情十分沉重，思绪万千，挥笔写下了《别梅坑》诗一首，以表惜别之情。他写道：

共同事业尚艰辛，清酒盈樽喜对倾。

敢为叶坪弄政法，欣然沙坝搞财经。

去留心绪都嫌重，风雨荒鸡盼早鸣。

赠我绨袍无限意，殷勤握手别梅坑。

中央红军长征后，根据地很快被国民党军占领。1935年2月，何老从江西瑞金向福建长汀转移途中，在长汀县水口突围战斗中壮烈牺牲，实践了"我要为苏维埃流尽最后一滴血"的誓言。梅坑惜别，竟成了他们几十年相交的最后一面。

长征小百科

何叔衡不幸牺牲后，谢觉哉在1946年追忆梅坑惜别的情景时写道：

怀沙屈子千秋烈，

焚券婴齐一世豪。

十二年前生死别，

临行珍赠小钢刀。

谢老借用古时屈原和冯谖的故事，歌颂、赞扬何叔衡在中央苏区领导土地革命斗争时的丰功伟绩。

"鸽子飞了"

借道"南天王"陈济棠

1934年10月中旬,蒋介石得知红军主力有突围迹象,匆忙赶赴南昌,在红军西征路上部署封锁线。第一道封锁线设在赣西南的安远和信丰之间,由碉堡群构成,号称牢不可破的"钢铁封锁线"。防守这道封锁线的是被称为"南天王"的广东军阀陈济棠的粤军。让蒋介石始料不及的是,红军与陈济棠已经达成了借道通过的协议,当陈济棠接到有部分红军要借道的通知后,按照秘密协议,在红军进军方向,让出了一条40华里的通道。10月20日,中共中央和中革军委在雩都下达了突围命令,红军分三路开始突围,沿途除了与粤军个别部队有零星交火,几乎兵不血刃地通过了第一道封锁线。

1934年10月初,中央苏区的兴国、宁都、石城一线相继失陷,打破国民党军第五次"围剿"的希望完全丧失,在苏区南线"围剿"红军的粤军,占领筠门岭后却未再前进。陈济棠曾通电反对过蒋介石,这时,他担心蒋介石打败红军后会从福建方向抄粤军的老家,所以想与红军和谈。陈济棠派了一个认识周恩来的人秘密到瑞金,给周恩来送来了一封信,说准备派少将参谋杨幼敏为谈判总代表,提议红军方面派粤赣军区司令员何长工为总代表,进行谈判。周恩来看信后立即找何长工谈话,大意是:陈济棠约我们举行秘密军事谈判,我们可以利用陈(济棠)、蒋(介石)之间的矛盾。中央决定派你和潘汉年为代表,到陈济棠管辖区寻邬(今寻乌)附近和陈派来的代表团谈判。如果用电报通知你,说"你喂的鸽子飞了",你就赶快回来,我会派人在会昌等你。

何长工遵照周恩来的指示,和潘汉年带着红军总司令朱德的亲笔信,穿上西装,戴上礼帽和墨镜,坐着四人抬的大轿,在一个国民党骑兵连的护送下前去谈判。到筠门岭赤(苏区)白(国民党统治区)交界处的羊角水附近,粤军派旅参谋长韩宗盛负责接待和保卫工作。每当遇到岗哨盘问时,韩宗盛就高声对部下说:"这是司令请来的贵宾。"所以一路畅通无阻。何长工、潘汉年住在罗

何长工,早年赴法国勤工俭学,后加入中国共产党。1927年,参加秋收起义。1934年任粤赣军区司令员,参加了中央革命根据地反"围剿"。图为何长工

塘镇一座两层小洋楼里，并在楼上的会议室和杨幼敏等人谈判。密谈一开始，杨幼敏就对何长工、潘汉年说："我们两家和好算了。打败了你们，我们捞不到什么。你们打败了我们，最多也只能到广东吃几根甘蔗。"由于不打对双方都有利，谈判几乎没有什么大的障碍，双方达成了五项协议：

一、就地停战，取消敌对局面；

二、互通情报，用有线电通报；

三、解除封锁；

四、互相通商，必要时红军可在陈的防区设后方，建立医院；

五、必要时可以互相借道，红军有行动事先告诉陈，陈部撤离40华里，红军人员进入陈的防区用陈部护照。

为保密起见，协议只写在双方代表的记事本上，未形成正式文件。

谈判期间，何长工接到周恩来的密语电报："长工，你喂的鸽子飞了。"参加谈判的国民党粤军代表很敏感地问："你们是不是要远走高飞了？"何长工平静而婉转地回答道："不是，这是说我们和谈成功了，和平鸽子飞上天了，表示祝贺。"但何长工心里明白，由于"左"倾教条主义者瞎指挥，第五次反"围剿"遭到失败，红军已经决定实行战略转移了。双方话别之后，陈济棠派一个连护送何长工、潘汉年返回苏区。当时，中革军委机关已经从瑞金的云石山转移到了雩都，周恩来特地派人等候他们回来，并留下一封信，信上简略地说："长工同志，我在雩都等你们。"

长征小百科

红军长征路线

中央红军从1934年10月至1935年10月，途经江西、福建、广东、湖南、广西、贵州、云南、四川、西康（中国旧省名）、甘肃、陕西等省，行程二万五千里。

红二方面军从1935年11月至1936年10月，途经湖南、贵州、云南、西康、四川、青海、甘肃、陕西等省，行程近二万里。

红四方面军从1935年5月至1936年10月，途经四川、西康、青海、甘肃等省，行程一万余里。

红二十五军从1934年11月至1935年9月，途经河南、湖北、甘肃、陕西等省，行程近万里。

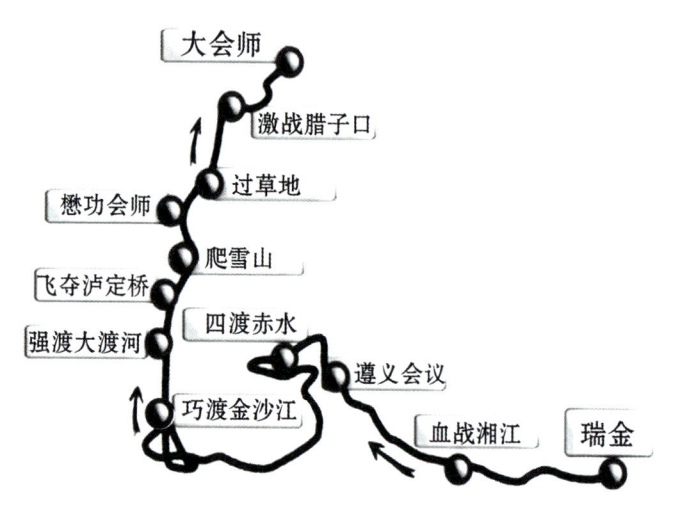

中央红军长征重大事件示意图

何长工赶到零都向周恩来汇报了谈判情况,周恩来得知谈判很成功并达成了五项协议,高兴地说:"这对于我们红军、中央机关的突围转移,将起重大作用。"

几天后,中央红军主力撤离苏区,踏上了战略大转移的万里征程,顺利迅速地通过了蒋介石在赣粤、湘粤边设置的三道封锁线。

喋血湘江

惨烈的湘江战役

中央红军突破第三道封锁线，挺进湘江地域时，蒋介石已觉察红军主力要和红二、红六军团会合的意图，调集40万军队，分三路前堵后追，企图将红军"歼灭于湘江、漓水以东地区"。1934年11月12日，蒋介石任命何键为"追剿"军总司令，指挥西路军和薛岳、周浑元两部共16个师77个团"追剿"红军。

11月27日至12月1日，中央红军在湘江东岸的广西界首抢渡湘江，激战五昼夜，终于突破蒋介石设置的第四道封锁线，渡过湘江。但因队伍过于庞大，辎重过多，行动迟缓，遭到湘军何键部和桂军白崇禧部的夹击，伤亡惨重，红军由出发时的86 000余人锐减至30 000余人，战士的鲜血染红了湘江。

1934年11月27日，红一军团第二师第五团接到中央命令，火速赶往脚山铺阻击敌人，掩护红军主力渡湘江。五团政委易荡平率领部队一路强行军，迅速占领了脚山铺。

中央红军长征中突破敌第一、第二、第三道封锁线时,蒋介石判明红军西征的战略意图,调动了25个团,全力加强湘江的第四道封锁线,企图全歼红军于湘江以东地区,中央红军在湘江两岸与敌展开了极其惨烈的战斗。图为湘江

脚山铺北距全州约30华里,南离红军控制的湘江渡口约50华里,是敌人去往湘江渡口的咽喉要地。易荡平命令部队迅速展开,构筑阵地,准备迎击敌人。

第二天清晨,银霜铺地,寒风瑟瑟。突然,一阵"嗡嗡"的飞机声传入易荡平的耳中。易荡平闻声向天空望去,只见10多架敌机低空飞来,俯冲、投弹、扫射,顿时阵地上掀起冲天烟尘。敌机刚刚飞过,对面山上一字摆开的敌军大炮又开始了轰击,一排排炮弹铺天盖地而来。易荡平大喊一声:"卧倒!"炮弹的爆炸声震耳欲聋。待炮声过后,易荡平从泥土中爬起,命令部队做好战斗准备。

易荡平的话音刚落,敌人就压了过来。(易荡平是湖南浏阳人,

第一部分 战略转移 开始长征　　　013

油画《湘江·1934》（张庆涛 作）

20岁那一年加入中国共产党，他决心不打垮反动政权决不放下枪杆子。在战斗历程中，他以自己的足智多谋赢得了"小诸葛"之称。）这时，他告诫身边的战友："别慌，等敌人走近了再打。"

敌人一步步逼近了，五团的阵地上还是一片沉默。以为红军已被飞机、大炮的轰击荡平了，一些敌人直起腰来，大摇大摆地向五团的阵地冲来。

400米、300米、200米……敌人已完全进入了五团的火力范围。

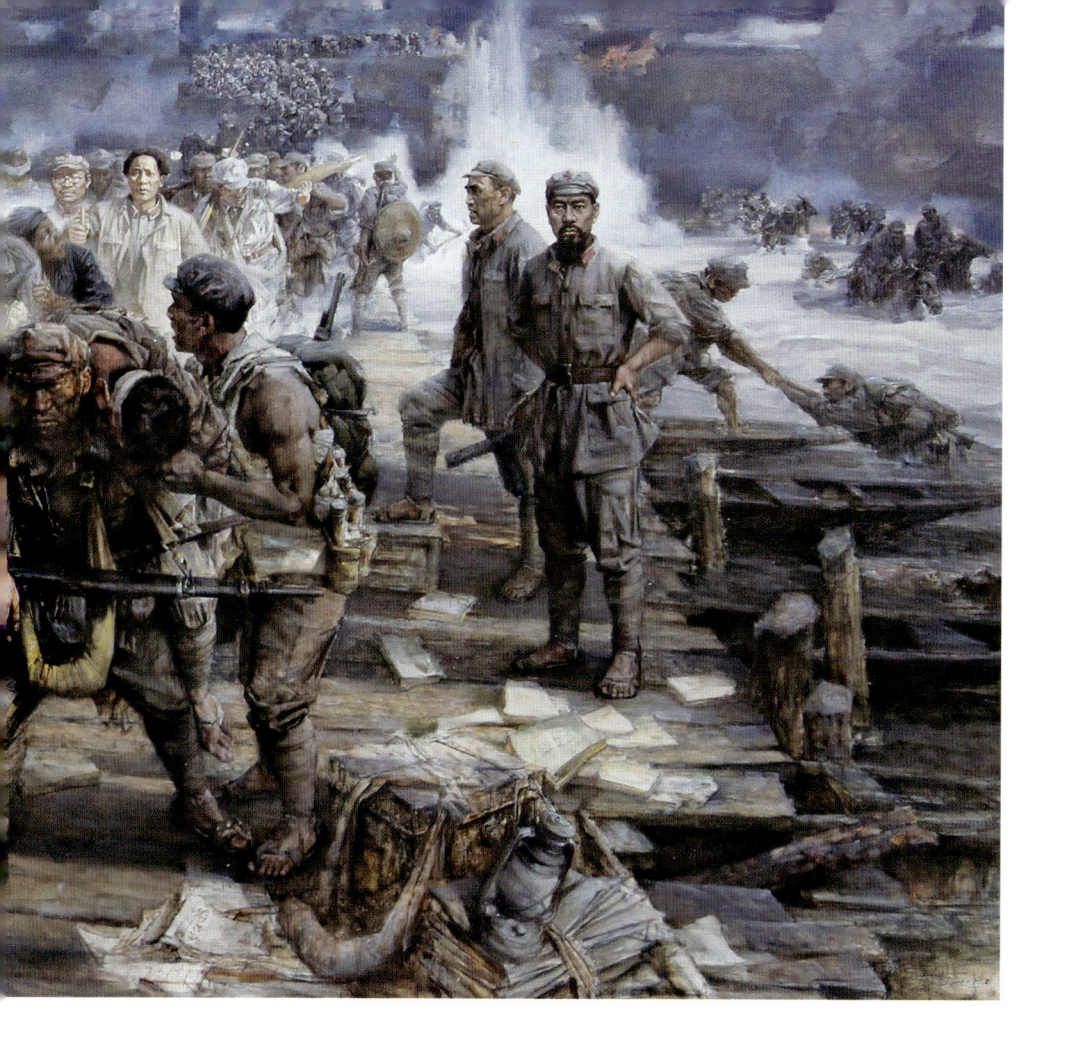

易荡平扣动扳机,大吼一声:"打!"战士们手中的步枪、重机枪、轻机枪全都开了火,敌人突遭红军的猛烈攻击,就像被割倒的小麦一样,一茬茬倒了下去,活着的敌人见势不妙,连滚带爬逃了回去。

但是,敌人并不甘心失败,没过一袋烟的工夫,他们又向五团的阵地发起了第二次进攻。这一回,易荡平让敌人离得更近,当敌人冲到离他们只有40余米的地方后,易荡平命令:"扔手榴弹！"刹那间，上百枚手榴弹一起扔向敌人，随着一阵阵巨大的轰隆声，敌人被炸得血肉横飞。易荡平一跃而起，挥舞着驳壳枪，大喊道："同志们，冲啊！"带着红军战士猛地扑向敌人。刺刀如林，杀声震天，敌人的攻势没用几分钟就被打垮了。

敌人见进攻屡屡受挫，恼羞成怒，又向五团的阵地投掷了大量的燃烧弹。五团的阵地成了一片火海。

双方激战五天，数倍的敌人轮番进攻，但五团的战士们坚守着每一寸阵地，敌人每往前走一步都要付出巨大的代价。易荡平活跃在阵地上，哪里战斗最激烈，他就出现在哪里。他鼓励战士们，一定要守住阵地，出色完成掩护红军主力的任务。战士们每次听到易荡平的声音，便斗志昂扬。许多伤员不下火线，继续与敌人激战；有的伤员怀揣手榴弹，与敌人同归于尽。

血战到第五天，红五团伤亡惨重，易荡平身上多处受伤，腿也被打断了。但他仍趴在阵地上继续指挥，多次组织突击队夺回失去的阵地。他满怀豪情地用"英雄欲报党恩情，战死沙场是善终"来激励战士们。此时，传来了红军主力全部安全渡过湘江的消息，易荡平露出了欣慰的笑容。

敌人的10多个团没能撕开红军3个团的防线，他们恼怒了，倾其所有又向红五团阵地发起猛攻。警卫员见敌人又逼了上来，坚持要背着易荡平撤下去，但易荡平一把将他推开，大吼一声："你快走，我来掩护。"接着，易荡平拍拍伤残的左腿，微笑着说："大功告成，死而无憾！"

跟随易荡平多年的警卫员流着泪，坚持要留在他身边。易荡平怒吼道："你快走！"警卫员无奈，只好恋恋不舍地告别了易荡平。警卫员走后，易荡平拿起手枪向敌人射击。枪内只剩一颗子弹了，易荡平遥望着湘江，默默地祝福着战友们，然后安详地闭上眼，把最后一颗子弹射进了自己的心窝……

长征小百科

陈树湘"断肠明志"

英勇的中央红军浴血奋战，虽然突破国民党军重兵设置的第四道封锁线过了湘江，粉碎了蒋介石的企图，但也付出了极为惨重的代价，部队锐减至 30 000 余人。负责殿后的红五军团第三十四师完成掩护中央机关过江任务后，渡江的去路被国民党军切断，师长陈树湘只好带领余部数百人开展游击战争，突围途中腹部中弹，弹尽粮绝后被俘。在押送途中，宁死不屈的陈树湘趁国民党兵不备，忍着剧痛，把手插进受伤的腹部绞断肠子，结束了自己年仅 29 岁的生命。

陈树湘烈士塑像

周恩来搓稻谷

通道会议

中央红军连续突破国民党军设置的四道封锁线，于1934年12月中旬进抵湘黔交界的通道县城。这时，国民党当局判定红军要到湘西与红二、红六军团会合，迅速调整部署，调集五六倍于红军的兵力，在绥宁、城步、武冈一线张网以待。在这危急关头，党中央在湖南省通道县的恭城书院临时召开紧急会议。会上，毛泽东建议放弃与红二、红六军团会合的计划，改向国民党军力量薄弱的贵州挺进。毛泽东的主张得到了张闻天、王稼祥、周恩来等多数人的支持。1934年12月中旬，中央红军由湖南通道转兵进入贵州。

1934年12月中旬，红军长征进入贵州。由于国民党的欺骗宣传和地方反动势力的破坏，红军初到贵州，当地的老百姓不敢接近红军，每到一地，往往找不到人，吃的东西也没有，甚至连磨米用的水磨、石臼也被藏起来或破坏了。国民党想用这种办法困死红军。

  12月15日，中央红军攻占贵州黎平县城后，发现当地老百姓一贫如洗，人们自嘲地称自己为"干人"，意思是贫穷得身上没有什么可以供土豪劣绅压榨的东西。人们仅有的一点粮食都被国民党军阀的苛捐杂税抽光了，黎平县政府的仓库稻谷堆积如山。红军打开仓库，把国民党官员没有来得及转移和销毁的稻谷分发

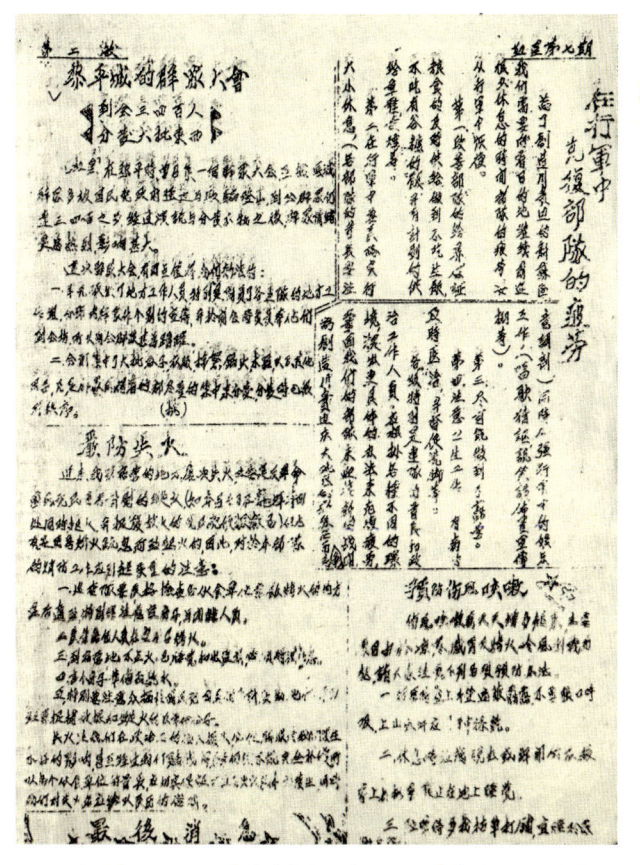

《红星报》为红军总政治部机关报，也是党中央、军委在长征途中唯一的喉舌。图为《红星报》关于《黎平城的群众大会》的报道

黎平县高屯镇少寨村群众为红军搭建的板凳桥（今红军桥）

给群众。分到了稻谷的"干人"们个个兴高采烈,黎平县城一片欢天喜地的景象。

红军战士找到了稻谷,但苦于没有磨稻谷的工具,只能望"谷"兴叹!昼夜长途行军的战士们实在是太累了,很多人饿着肚子就睡了。周恩来看到这种情形十分着急,立即召集干部们开会。他号召大家要想办法让同志们吃上饭,不能让同志们饿肚子。没有石臼舂米,就用石头、瓦片搓一下。哪怕就是用手搓,也要把米搓出来!会上决定,每人每天都要想办法搓出够吃三顿的米来。

会后,周恩来让警卫员魏国禄帮他找来两块瓦片,又领了一些稻谷,就动手在瓦片上搓起来。魏国禄想到周恩来白天要和大家行军，到了宿营地，又要开会、看文件，难得休息，上前劝周恩来不要搓了，并说大家一定能按组织要求，搓够每人吃三顿的米。

周恩来一边不停地搓着稻谷，一边反问魏国禄为什么不让他搓。

"您是首长，还有更重要的工作。"魏国禄自以为理由很充足。

可是周恩来却告诉他，正因为是首长，才更应当搓哩！并耐心地解释说，是他提出让大家动手搓米，他自己怎么能不带头搓呢？

魏国禄无话可说了，便和周恩来一起搓起米来。

长征小百科

黎平会议

1934年12月18日，中共中央政治局在黎平召开会议，博古、周恩来、毛泽东、陈云、朱德等出席会议。会上，毛泽东批评了错误军事路线。经过激烈争论，会议否定了北上与红二、红六军团会合，到湘西建立根据地的错误战略方针，接受了毛泽东的正确主张。

黎平会议是中央红军长征中召开的第一次中央政治局会议。会议肯定了毛泽东转兵贵州开辟新的革命根据地的正确主张，正式决定放弃向湘西前进的计划，改向贵州北部进军，认为新的根据地应该是川黔边区地区，在最初应以遵义为中心之地区。

在周恩来的号召和影响下，有的同志捡一块大石头作碾盘、小石头作碾子来磨稻谷，有的同志用两块瓦片搓，有的同志干脆用手搓。大家看到周恩来在繁忙的工作中抽出时间和大家一起搓，情绪更加高涨，即使把手搓出血泡，也很愉快。就这样，大家一起动手，解决了当时的吃饭问题，粉碎了国民党的恶毒计谋。

经过长途征战的红军，半个多月来没有吃过一粒大米，这时候吃上一碗糙米稀饭比吃了山珍海味还香甜。同时，红军首长带头自行解决困难、不惊扰百姓的事迹，被当地群众看在眼里、记在心头，并逐渐传扬开了。没多久，老百姓都纷纷从山里回村，国民党反动派的阴谋诡计和编造的谣言，就这样不攻自破了。

毛泽东挥泪送衣给"干人"

"军民鱼水情深"

贵州是个少数民族聚居的地方，红军长征进入贵州后，总政治部为正确执行党的民族政策，号召红军战士每人准备一件物品作为送给少数民族同胞的礼物。战士们都争先恐后地拿出自己随身携带的衣服、毛巾等送给"干人"。当年，毛泽东就曾将自己御寒的毛线衣脱下来送给一位苗族老妈妈，真正体现了红军官兵一致的军律和军民鱼水情深，也表达了一代伟人纯朴、浑厚的爱民之心。

红军进入贵州后，已是隆冬时节，几乎天天在毛毛细雨中行军，一路见到的老百姓，身上都穿着千缝百补的单衣，有的小孩子更是一丝不挂。由于国民党反动派的苛捐杂税和土豪劣绅的残酷剥削，居住在这里的老百姓生活在饥寒交迫中。当地流传着"贵州和云南，天无三日晴，地无三尺平，人无三分银"的说法，这是对国民党反动派黑暗统治及对人民敲骨吸髓的恶毒行为的深刻揭露!

经过乌江南岸剑河县附近的一个小村子时,红军看到一位60多岁的苗族老妈妈和她的小孙子寒冬里仍穿着补丁摞补丁的单衣倒在路旁。行进中的红军指战员们立即围了上来。此时,毛泽东从后面走来,见前面围着很多人,急忙问发生了什么事。一位红军战士答道:"刚才问过,这位老妈妈说,她家一年收的粮食全被地主抢光了,她儿子在前几天也被国民党抓了壮丁。她没法儿活下去,就和儿媳妇分两路四处讨吃,因为今天天气太冷,从早晨到现在还没有吃一点儿东西,又冻又饿,就跌倒在这里了……"

听到这儿,毛泽东已是热泪盈眶。他当即脱下身上的毛线衣,又叫警卫员拿了两个装满粮食的干粮袋,连同毛线衣一起送给老妈妈。那老妈妈一见这情景,使出全身力气,勉强挣扎着坐起来,把冻僵了的双手合在胸前,颤抖着说:"救命恩人呀!我可怎么报答你们呀!"说着,揉了揉她那流尽了伤心泪的眼睛,仰视着毛泽东,对她那个只有手杖高的小孙子说:"傻孩子呀!你还不赶快磕头,等什么呀?"小孙子就要给毛泽东磕头,却被毛泽东

长征小百科

苗族歌谣

甲戌严冬那时期,
红军来到我苗区。
过了七天又七夜,
爱护百姓守纪律。
不拿群众一针线,
不闯苗民家里居。
红军百姓一家亲,
军民情似水和鱼。

拉住了。毛泽东心情沉重地弯下腰，蹲下来，亲切地对这位绝望的老妈妈说：老人家！您记住，我们是红军，红军是"干人"的队伍。说着，把老妈妈搀扶起来，用老妈妈拄的竹棍子把干粮袋插好，叫她和她的小孙子抬着走，并对她说：老妈妈！您记住，我们是红军，红军是"干人"的队伍。

老妈妈连声地念叨起"红军、红军……"，她三步一回头地念叨着，一边望着毛泽东高大的身躯，一边领着她那忽然间变得欢天喜地的小孙子，走上回家的路。

望着老妈妈渐渐远去的背影，毛泽东沉思了许久。看见聚集在这里的红军指战员很多，他就快步登上路旁的一个高坡，挥了挥手，大声地对同志们讲起来。他激动地说：我们从这位老妈妈身上看到了什么呢？我们看到的绝不仅仅是这位老妈妈一家的遭遇，而是我们灾难深重的祖国的缩影，我们的祖国，就是这样陷入了饥寒交迫的地步！祖国和人民是这样，那么我们的任务呢？我们的任务，正是要从水深火热之中，把我们的祖国和人民拯救出来，这个任务是艰巨的，也是光荣的。

毛泽东的讲话，引得更多的战士围拢过来。望着他那激动的面容，不少战士擦着眼泪，也为刚才那位老妈妈一家的苦难而悲伤。现在毛泽东把大家的眼界扩大到全中国，光荣的使命使大家的情绪一下子高昂起来，擦干眼泪，继续听着毛泽东那激昂慷慨的讲话：同志们，这个光荣的任务，我们一定要完成，这个目的一定要达到，眼下摆在我们面前的是惊涛骇浪的天险

红军长征经过贵州黔东南地区时,毛泽东送御寒的毛线衣及粮食给苗族祖孙二人。图为国画《春风送暖》(黄天虎 作)

第一部分 战略转移 开始长征

乌江，还有数不清的艰难险阻，我们要勇往直前，在大风大浪中踏出一条路来。毛泽东的话，像战斗的动员令一样，立刻在部队的行列中引起了热烈的讨论。

第二部分

强渡乌江
智取遵义

1935年1月初，中央红军分三路北渡乌江，进抵遵义地区。1月7日，红军进驻遵义城。15日至17日，中共中央在"柏公馆"召开了政治局扩大会议。

中共中央在遵义批准成立了中共贵州省工委和中共遵义县委。先后建立遵义县革命委员会等6个县级苏维埃临时政权组织，建立了遵义县回山乡革命委员会等44个区乡级苏维埃临时政权组织，建立以红军指战员为主体的跨县的红军"黔北""遵湄绥""赤水河"等3支游击队，建立了遵义城区政治部保卫游击队等22支区乡革命武装组织，建立了遵义赤色工会等40多个革命群团组织。黔北人民在苏区革命组织领导下开展了一系列斗争。

红军转战黔北期间，遵义有四五千青壮年参加红军。遵义人民抢救、安置红军伤病员，掩埋红军烈士遗体，保护红军文告、标语、苏维埃币等文物。红军离开黔北后，各种反动势力疯狂反扑，仅遵义县被杀害的红军伤病员和群众积极分子就有300多人。

"神炮手"赵章成

耿飚回忆"神炮手"

那时，上级把炮兵连配属我们，我还高兴得不得了，炮兵连倒是有十几门炮，可是只有五发炮弹。我对炮兵连长说："你的炮弹必须落在敌人中间。"炮兵连长叫什么名字我记不得了，只记得他是个麻子。

这个炮兵连长还真行，一发炮弹打出去，正好在敌人堆里开花。战士们吼叫着，冲上去，我忍不住也站起身来。当时在指挥位置的师政委刘亚楼拉了我一把，说："当心！子弹可不长眼。"话音没落，一颗子弹打在我的大衣上，差一点儿我就牺牲了。

乌江，又名黔江，是贵州第一大河，两岸高山峡谷，江水波涛汹涌，素有"乌江天险"之称。

1935年1月初，中央红军分左、中、右三路纵队同时从乌江南岸强渡乌江。左路纵队：红三军团分别从茶山关、孙家渡、桃子台渡口北渡乌江。中路纵队：中革军委纵队、红一军团第二师、

1935年1月初,中央红军分左、中、右三路纵队同时从乌江南岸强渡乌江。图为乌江

遵义会议陈列馆展出的红军长征时使用的竹筏和石锚

红五军团从瓮安县江界河渡口北渡乌江。右路纵队：红一军团第一师等从余庆县箐口附近的回龙场渡口北渡乌江。

1日，由中革军委纵队、红一军团第二师、红五军团组成的中路纵队，准备从瓮安县江界河渡口北渡乌江。红一军团第二师第四团团长耿飚等率部在江界河渡口一面佯攻渡口正面大道，一面主攻渡口上游500米处的傍山小道，同时组织由第三连连长毛振华率7位水性好的战士泅渡，准备拉绳架桥。因水深流急，绳索被敌军炸断，强渡没有取得成功。傍晚，红四团又以3个竹筏载着战士进行偷渡，只有1个竹筏成功到达北岸，另外两个被湍急的河水卷了回来。

2日，红四团加紧赶制竹筏，并准备架桥材料。

3日，红四团一营指战员在强大火力掩护下，几十个竹筏直奔北岸，与1日偷渡过河后隐蔽在敌前沿阵地石崖下的红军配合，占领了敌人北岸滩头阵地。忽然，对岸响起了猛烈的枪炮声，敌人的预备队赶到了，正向一营压来。敌人居高临下，由于地形不利，一营被迫退守江边。

在这紧急关头，红一军团第二师师长陈光派人找来了炮兵连连长赵章成和指导员王东保。赵章成是红军炮兵的"神炮手"，在国民党军部队里受过正规训练，当过炮兵连副连长，炮打得非常准，1931年在江西参加红军。陈光指着对岸的敌群说："看到敌人没有？非把敌人打回去不可！打不回去，拿着脑袋来见我！"

军中无戏言，王东保担心地说："打不下来，我们两个要拿着脑袋去见首长啊！"

赵章成不紧不慢地说道："不要紧。留下的五发炮弹我都检查过了，底火、引信、药包都是好的。"

炮兵连预设阵地离指挥所只有几十米远，靠近江边，前面有一排稀稀拉拉的毛竹地，地上已经预先挖好了安放炮盘的圆坑。赵章成迅速架起一门八二迫击炮。战士们从炮弹箱里拿出从中央苏区带来的仅有的五发炮弹。赵章成一手托起炮弹，一只脚往前伸出半步拉成弓步，没有瞄准镜，只是闭上一只眼吊了吊线，把炮弹送进了炮膛。

八二迫击炮

　　红军长征途中使用的最"重"型武器——八二迫击炮，也称二十式82毫米迫击炮，是中国以法国布朗德1930年式81毫米迫击炮略为放大口径至82毫米制成的迫击炮。1931年，测试后效果良好。同年，在南京的金陵兵工厂生产炮180门、炮弹15 000发。由于是在民国20年（1931年）定型，因此被称为二十式82毫米迫击炮。抗日战争中成为国民党军主要曲射步兵火力，尤其适宜打山地战。这种迫击炮1935年至1947年共有10 000多门出厂。

"轰"的一声巨响。

炮弹在敌群背后爆炸了。敌人仍在碉堡前蠕动，指导员王东保有些沉不住气了，他说："老赵，炮弹不多，这还行？"

"不要慌，重点在后面！"赵章成仔细地瞅了瞅弹着点，原来刚才他打出的这发是试射。

说完，他又用手指头瞄了瞄，装上炮弹。

"轰！"又是一声巨响。

只见炮弹出膛，弹头飘忽而出，一个隐隐的黑点从高空骤下，火光一闪，"轰！"，炮弹在敌群正中间爆炸了，顿时掀起一股浓烟。

接着两发连续发射，向红军滩头部队冲击的敌群顿时被浓烟覆盖了。硝烟散后，只见那"品"字形的三个炸点的前后左右，躺了一大片敌人的尸体，其余的敌人鬼哭狼嚎地向后溃逃，红军滩头部队趁势发起猛烈攻击。

杨成武抓着赵章成的双肩激动地说："打得好，我要建议军团首长给你们记功！"

"可惜只剩一发炮弹了！"赵章成却在一旁笑着说，他是那样心疼这几发炮弹。陈光似乎看出了赵章成的心思，走过来拍了拍他的肩膀，安慰说："不要紧，我们打到遵义去，就能补充装备了。"

智取遵义城

黔北重镇——遵义

遵义位于贵州北部，是贵州第二大城市。遵义地处川黔要冲，在军事上占有重要地位，自古以来是兵家必争之地。1935年1月，中央红军到达遵义，中共中央在这里召开了政治局扩大会议，史称遵义会议。遵义从此作为革命历史名城载入中国革命史册。市内保存了以遵义会议会址为代表的许多革命历史旧址，集中了大量的革命历史文物。

1935年年初，红军强渡乌江后，马不停蹄地向遵义疾进，进至龙坪、深溪时，集中火力采用正面进攻和左、右两翼包抄的战术，一举击溃国民党黔军守卫遵义城的侯之担"九响团"（因装备着"九连珠"步枪而得名）的一个外围营，俘虏200多人。红军总参谋长刘伯承及时赶到前线，向担任前卫部队的红一军团第二师第六团团长朱水秋、政委王集成和第一营营长曾保堂布置攻城任

1935年的遵义老城全景

务。刘伯承说:"遵义城内有黔军一个师,听说我们过了乌江天险,军心已经动摇,我们要赶快占领遵义。你们一个营去打黔军一个师,力量悬殊,他们又有坚固的工事,你们必须谨慎从事,决不可大意轻敌。但敌人是惊弓之鸟,一轰就跑,你们一定要动动脑筋,智取遵义城。"

曾保堂按照刘伯承的指示,和团首长研究后,从俘虏中挑选出一个比较老实的军官和十几个出身贫苦的士兵,向他们交代了红军的俘虏政策。同时,集中了全团司号员,穿上国民党军装,

假扮成前沿被打垮的敌溃军，和同样装扮的侦察员一起，押着敌军官和十几个经过教育的俘虏，冒着大雨直奔遵义城，主力部队紧随在后。

午夜时分，曾营长率领这支化了装的部队，到了遵义新城来熏门下。曾营长命令被俘军官按预先反复教过多次的话，向城楼上的敌守军喊话，称是外围营的，营长被"共匪"打死了，"我是一连连长，现带领剩下的人跑回来了，快打开城门救救兄弟们"。

遵义新城，图中右侧第一道城门为红军智取遵义城的来熏门

城楼上的敌军盘问了好一会儿，问不出破绽，为慎重起见，还用几只手电筒来回查看，却迟迟不开城门。这时，曾营长小声对俘虏军官说："别慌，稳住，给他们来点硬的，注意不要露馅。"俘虏军官定了定神，一边拉动枪栓，一边扯大嗓门向城楼上大大咧咧地骂了起来。其他人也边骂边拉枪栓。城楼上的守军这才说："等着，别吵了，先等着，老子去问一下城防官，就给你们开门！"曾营长一听，强忍着内心的激动，小声命令战士都悄悄上好刺刀，把子弹推上膛。大约过了20多分钟，又高又厚的城门被打开了。曾营长率领大队人马一下拥进了城，二三十个司号员一齐吹起冲锋号，吓得敌人胆战心惊，脚瘫手软，大多数人还没有来得及穿衣服就成了俘虏，只有少数敌人狼狈不堪地往北门逃窜。红军的

后续部队紧接着冲进城内。至此，红军未费吹灰之力，就攻下了敌重兵防守的黔北重镇——遵义。这是红军长征以来攻占的最大县城。

长征小百科

红军是"水马司令"

红军占领遵义城后，黔军为了掩饰自己的腐败无能，到处宣扬红军骑"水马"，穿"盔甲"，刀枪不入。为了迷惑敌人，红六团通讯主任故意在驻地的房门上写上"第一水马司令部驻此"九个大字，群众见到以后，纷纷要求看"水马"和"盔甲"，都说红军是"水马司令"，能飞檐走壁，那么高的遵义城墙一蹦就上去了。红六团一营营长曾保堂乘机宣传说："我们共产党和苏维埃政府，是领导穷人翻身解放的；红军是工人、农民自己的队伍，我们一不拉夫，二不派款，三不打人骂人，要打的只是王家烈、侯之担这样的军阀恶霸、土豪劣绅，希望大家组织起来，团结起来……夺回自己的劳动果实。"他的话不时被掌声打断。

"万人大会"和军民篮球赛

遵义县群众代表会

　　1935年1月初,红军总政治部在遵义老城杨柳街天主教堂内召开了群众代表会,应邀参加会议的有德高望重的老人、商铺老板、各行各业的师傅,共200人左右。会上红军总政治部首长讲了话,宣传党和红军的方针政策,号召受苦受难的群众团结、组织起来,打倒国民党贪官污吏和土豪劣绅。会议就成立遵义县革命委员会如何产生代表的问题,展开了热烈讨论。会后,红军总政治部筹备举行了一次大规模的群众大会,即万人大会。

　　1935年1月12日,红军总政治部根据遵义各阶层代表的要求,在老城协台坝省立第三中学(现遵义十一中)操场召开了遵义县群众大会。赤色工会的会员前一天就在操场南端三棵大柳树下搭好了一座讲台,台上安设了从学校借来的一些桌椅、板凳。大会主席台的台前悬挂着"只有苏维埃才能救中国"的红布横标。

　　12日上午,人们从四面八方陆续来到大操场,几位红军女战

1935年1月12日，红军总政治部在遵义老城协台坝省立第三中学（现遵义十一中）操场召开遵义县群众大会。图为遵义县群众大会会场遗址

士在讲台前教孩子们唱歌。开始，少数群众听坏人造谣，说会场到处架有机关枪，要把开会的人都打死，因而不敢进入会场，在外观望。当看到会场里唱的唱、笑的笑，有的红军连枪都未带，这才打消顾虑，纷纷走进操场，都想找一个听得清、看得明的地方。人越来越多，连四周的围墙上也站满了人，有的还爬上附近马草街、大坝子、玉皇观几条街道的屋顶观看。会场内外，人头攒动，旗帜如林，这是解放前遵义历史上规模最大的群众集会，群众习惯称这次大会为"万人大会"。

下午2时，大会正式开幕，主席团宣布成立遵义县革命委员会，并通过了革命委员会委员名单。

大会结束后，朱德总司令带领红军篮球队与省立第三中学的学生篮球队进行了一场别开生面的军民篮球赛。红军篮球队还是以前在中央苏区打熟的一队人马，自从红军长征以来一路征战，已很久没有摸过球了，看见篮球后，手早就有些发痒了。篮球场边挤满了男女老少，穿着高领细袖长衫的遵义学生队球员已一个个在球场上往来练球。银笛一响，比赛开始，双方谁也不肯示弱。红军队队员配合很默契，屡屡得分，打得学生队只有招架之功，没有还手之力。特别是红军队球员的远投，使学生队无法应付；红军队员矫健的动作，更使学生队球员丈二和尚摸不着头脑。比赛结束，红军队以30比12的大比分取得胜利。大概是红军队球

长征小百科

1934年10月，红军总政治部发出指示，强调：坚决地与脱离群众、破坏群众纪律的现象作斗争，不许丝毫损害工农群众的利益。

1934年11月，邓小平担任主编的《红星报》发表文章，明确提出不乱拿群众一点东西、买东西要给钱等要求，号召创造争取群众工作和遵守红军纪律的模范连队。

……

一部长征史，就是一部军民情谊史、一部党与人民群众的血肉联系史。

员在比赛场上兴奋无比,用英语说了太多篮球赛方面的术语,比赛结束后离开球场时,学生们私下惊讶地议论道:"他们都是大学生呀!"

关于这场篮球赛,1935年1月15日,红军机关报《红星报》曾作了报道:"散会后,由红军篮球队与三中篮球队,举行友谊的比赛。这一事实,更宣布了反革命说'红军杀知识分子'(？)……等谣言的破产!"(原文如此)这种军民同乐的热闹景象,是红军离开中央革命根据地长征以来的第一次。

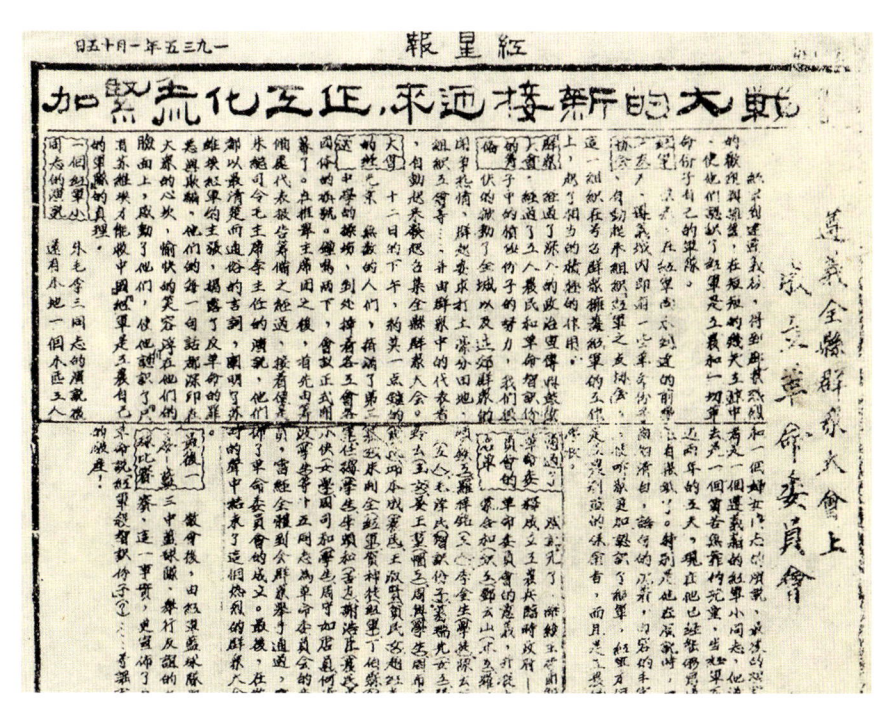

1935年1月15日,《红星报》刊载了《遵义全县群众大会上成立革命委员会》,文末以"最后一场篮球比赛"为小标题,简短报道了红军与遵义学生的这场篮球比赛

红军进驻"柏公馆"

"柏公馆"主人柏辉章

柏辉章，字健儒，遵义人，贵州讲武堂骑兵科毕业后分到黔军部队任班长，红军长征转战贵州期间任黔军第二十五军第二师师长。1935年，蒋介石整编黔军，柏辉章任陆军第一〇二师师长。抗日战争爆发后，率领9 000黔军与日军作战，参加了淞沪、砀山战役和武汉、长沙保卫战，升任国民革命军第四军副军长。后在赣南师管区任司令，被排挤坐冷板凳。不久，心灰意冷的柏辉章返回故乡遵义。1949年11月，遵义解放前夕率部起义。

1935年1月9日，中革军委纵队进入遵义城后，红军总司令部及军委一局（作战局）驻扎在老城子尹路东侧，黔军第二十五军第二师师长柏辉章的"柏公馆"内。"柏公馆"大门临街两侧有8间铺面，是柏家经营酱菜及颜料、纸张的店铺，街面房连接主楼与跨院。门厅后是青石铺墁的小天井。北侧是主楼，主楼修建于20世纪30年代初,是一座中西合璧、一楼一底、坐北朝南、砖木结构的小青瓦楼房。小天井南侧有小门通向柏家旧宅——一座木结构的黔北民居四合院。

红军总司令朱德、红军总政治委员周恩来、红军总参谋长刘伯承住在楼上；楼下是总部一局办公室和局长彭雪枫住室及参谋人员住室；主楼南侧的柏家老宅四合院,是一局机要科办公室和工作人员住室。

遵义会议会址大门即"柏公馆"正门

"柏公馆"是红军长征以来住的最好的房子。周恩来的警卫员魏国禄走进"柏公馆",看见房间里乱七八糟,就知道房子的主人逃跑时一定非常慌乱,狼狈不堪。他在打扫卫生时还捡到一个黄澄澄的东西,放牛娃出身的他不知道是什么东西,好奇地戴在手指上把玩。回到房间后,他拿出这黄澄澄的东西给大家看,才知道是一枚戒指。有人说是黄铜的,有人说是黄金的,争论不休。最后范金标说:"是真金就不怕火炼。"大家当即把它放在木炭火上烧了半天,拿出来擦掉灰土,仍然黄亮,这才认定是真金。

长征小百科

遵义会议期间的机要科

　　遵义会议期间机要科设在柏家老宅,科长是毛庭芳,副科长是杨刚,译电员有李质忠、罗琳、黄有凤、叶子龙、宋仁绥、王中军、陈茂生、黄明煌、肖锡禄、康贻振、易昌培、刘伯生、杨初振、杨志宏、李希才、许得尧、李云耀、王家才、余维新等。机要科主要业务是掌管机要密码,编制与翻译无线电报。当时的电报速度等级分平、急、火急、十万火急、万万火急。电报的机密程度分普译、密译(由机要组长或科长译)、亲译(首长自译或由首长指定的人译)。机要科所有工作人员严格遵守机密规定,一切来往电报的内容不得对外泄露,必须做到守口如瓶,万无一失。机要科工作人员和作战参谋一样,分三班轮流担负,24小时工作。

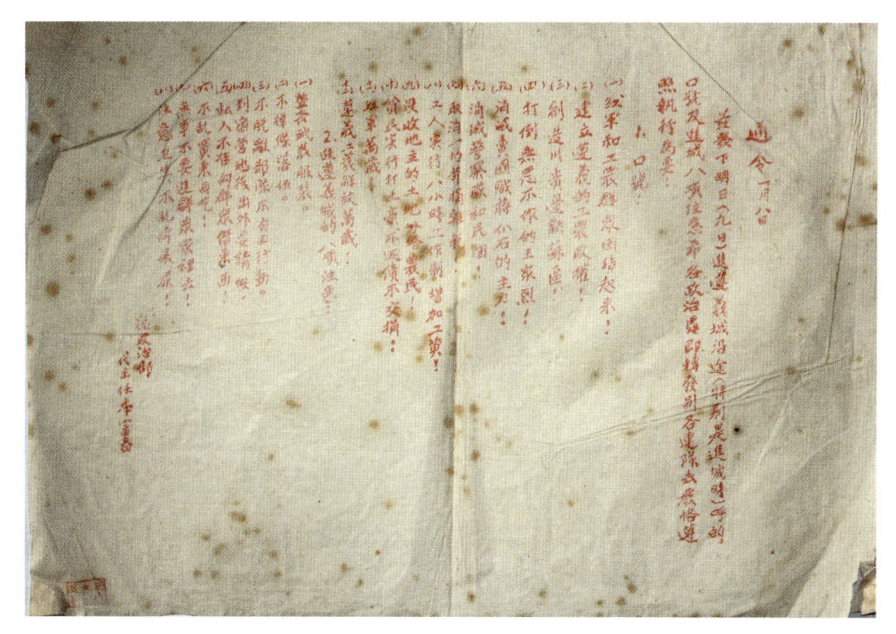

1935年1月7日，红军攻占遵义城。1月8日，总政治部发布关于进遵义城的口号和八项注意的通令

第二天早上，魏国禄到周恩来房间里送水，刚要往回走，周恩来突然劈头就问魏国禄懂不懂"三大纪律八项注意"。

魏国禄没有弄清周恩来问这个问题的意思，便随口说，当了好几年红军，还能不懂"三大纪律八项注意"？

周恩来接着又问他执行得怎么样。

魏国禄还没有弄清是怎么回事，但心里有些紧张，吞吞吐吐地说自己没有做什么违反纪律的事。

周恩来指着魏国禄手上的戒指问他是从哪儿来的，问他懂不懂打土豪要归公的政策。

这时魏国禄才恍然大悟，原来是为了这个，他赶紧向周恩来

进入遵义会议会址大门，穿越过厅，迎面是一座造型别致的砖砌山水花鸟牌坊。牌坊顶额外用彩色碎瓷片镶嵌着"慰庐"二字，背面镶嵌的是"慎笃"。图为"慎笃"面

如实汇报了情况。周恩来知道了事情的真相后，用比较温和的口气对他说：这个房子是柏辉章的，这个军阀是王家烈部下的师长，他虽然逃跑了，可是他家的一切东西，是他剥削劳动人民得来的不义之财，应属于贫苦人民的呀！

听首长这么一说，魏国禄才明白自己违反了"三大纪律八项注意"。从周恩来住室出来后，他马上就去找指导员，把金戒指交给了组织。

1935年1月15日至17日中共中央政治局扩大会议在"柏公馆"二楼东侧客厅里召开。遵义会议期间从郊外驻地赶到城里开会的红三军团军团长彭德怀和政委杨尚昆住在一楼堂屋，红五军团中央代表刘少奇和政委李卓然住在一楼东侧的厢房，他们睡的床都是警卫员临时用门板搭的。

徐老爱书

长征时期的徐老

徐特立，1877年2月1日出生于湖南省长沙府善化县四都观音塘（今长沙县江背镇观音塘）。曾为毛泽东、田汉等著名人士的老师。1911年参加辛亥革命，1927年加入中国共产党，同年8月参加南昌起义。曾到法国、苏联等国留学。1930年回国后进入中央革命根据地，任中华苏维埃共和国临时中央政府教育部部长，创办了列宁小学、列宁师范学校等。1931年11月，当选为中华苏维埃共和国中央执行委员，任中华苏维埃共和国临时中央政府教育部代部长兼苏维埃大学副校长。1934年10月他以57岁的年龄参加了长征，与董必武一起编入中央机关纵队干部休养连。

1935年1月，红军攻占遵义后，徐特立利用部队休整时间，拜访了城内文化教育界的一些知名人士。他请"红军之友社"的青年教师余选华带他去看望编纂《续遵义府志》的赵乃康先生。一进赵先生家，徐老首先向赵先生问好，一面详细了解遵

徐特立

义地区的文化教育情况和风土人情，一面称赞郑珍、莫友芝编的道光《遵义府志》。徐老说，郑、莫两位老先生有学问，为人民做了一件大好事。赵先生继《遵义府志》之后又编写了《续遵义府志》，这种尊重国家历史文化遗产的精神和功绩，也是很了不起的。当赵先生谈到遵义不少图书文物被国民党军队破坏时，徐老非常气愤，说："图书文物，是珍贵的文化遗产，绝不能任其遭到破坏，应采取断然手段，予以抢救。"同时，徐老建议赵先生把战乱中失散的书籍想法收集起来，妥善保管。徐老平易近人的态度、谦虚好学的精神以及对文化教育工作的真诚关心，深深感动了赵先生。第二天赵先生就召集学生郑石钧、姚世达、赵宗伟等，将藏书家杨干之等所藏书籍、名人字画、古董文物先搬到他家里，暂时保存起来。徐老知道了非常高兴。

一天，徐老看见一家院子里遍地散放着书，书堆中有"古逸丛书""二十四史"等珍贵书籍。徐老拿起一本"古逸丛书"对旁边的同志说："我读书的时候，要二两银子才能买到一本呢。"他向大家介绍：这就是遵义人黎庶昌在清光绪年间出使日本时，苦心孤诣地收购流失国外的中国古籍，回国后精选出一部分孤本编成的。徐老说，黎庶昌身在国外，随时注意保护祖国的文化遗产，这种精神十分可贵。他叮嘱同志们，一定要把这些书籍妥善保管起来，不要损坏了，并请人把散乱的图书搬到赵先生家里。在徐老离开遵义的当日，赵先生作诗一首呈徐老，诗曰："军中忙无暇，积极救文化。维护文物功，当不在禹下。"

一个寒冷的傍晚，徐老漫步街头，忽然看见街边一间屋子里火光闪闪，几个战士正抱着一捆捆的书，当作柴火烧了取暖。徐老非常生气，立即制止，不准再烧。一个战士疑惑地问徐老："这些古董保存起来还有什么用处？"徐老坐在战士身旁说："怎么没有用？我们红军从江西出发，过湘江、渡乌江、占遵义，我们原来哪知世上有这些地方？这些知识不都是书本告诉我们的吗？"战士烧书，引起徐老的重视。他立即主持把城内各主要藏书处用封条封起来，分散的图书也集中到赵乃康家里，请他代为保管，并要求宣传干部广泛宣传保护图书文物的重要性。从此，红军书写的标语中，才有了"保卫书籍"的内容。

徐老尊重文化、尊重知识分子、保护文化遗产的事迹，被遵

红军写在遵义会议会址二楼朱德住室内标语：保卫书籍，不要乱拿。学湖南打土豪，穷人不打穷人，士兵不打士兵，打倒国民党！

义人民广为传颂。徐老的老朋友黄齐生曾在一首诗中盛赞徐老在遵义期间保护书籍一事：

> 万里长征后，曾过古播城。
> 富不惊奇化，贫乐道红军。
> 一老称特最，群芳感泽深。
> 蠹官书有幸，检点赖搜存。

黄先生并作注："1939年，我过黔之遵义城。地方人士为我言：当红军过境，驻扎中学校舍，军士有取架上书作枕者，临走时，公一一为清理，使无散失。即此见公对文化事业，即在仓皇戎马中，如此其爱重云。"

长征小百科

红军长征之最

长征中最年轻的部队——少共国际师。

最先到达陕北的长征部队——红二十五军。

最后到达陕北的长征部队——红四方面军的前锋部队。

长征中年纪最大的红军——徐特立。

长征中年龄最小的红军——向轩（9岁长征）。

红军翻越海拔最高的雪山——党岭山。

长征经过的最大的草地——松潘草地。

红军坟的传奇故事

红军坟里的"无名英雄"

　　长征途中牺牲的千千万万红军将士中，有许多是没有留下姓名的，他们长眠在异地他乡，却没有被人们遗忘。在历史文化名城遵义流传着一个不知姓名的红军卫生员的动人故事。由于红军卫生员牺牲前没有留下姓名，人们的记忆里他是一位小红军卫生员，就称他"小红"。半个多世纪过去了，红军坟里埋葬的这位英雄到底是谁，没有人知道，但这个故事却一直在民间流传。

　　1935年1月初，中央红军进入遵义后，驻扎在遵义郊外桑木桠的一个连队有位年轻的卫生员，当战友们动员群众打土豪，分粮食、衣物的时候，他正忙着给长期缺医少药的贫苦群众治病，经他诊治过的病人，都医到病除。

　　一天傍晚，一个小孩跑到连队里找卫生员，哭诉他爸爸病了，求红军卫生员去给他爸爸治病。卫生员一听病人高烧，请示首长后，立即跟着孩子翻山越岭跑了几十华里路到病人家。他发现病人患的是伤寒症，病情非常严重。他便立即给病人打针、用药，一直坐在病人身边观察病情变化，一夜未归队。

就在这天夜里，他所在的连队突然接到上级命令，连夜撤离了驻地。当卫生员回到驻地，房主人刘大伯转交给他一张连长留下的字条。看了字条后，他大吃一惊，迅速转身追赶部队。

卫生员在追赶部队的途中，被国民党士兵杀害了。倒在血泊中的卫生员后来被乡亲们发现，乡亲们都说卫生员因为给老百姓治病，没能和部队一起转移，才遭到这般毒手，他的遗体可不能再遭到践踏。于是刘大伯等人就地安葬了卫生员。

红军大部队走后，反动派对老百姓的剥削和压迫变本加厉，人们更加怀念红军。一天，一位老大爷发高烧，梦见红军卫生员给他喂药。第二天，他的病好了，烧也退了。于是他说："红军卫生员显灵了，把我的病治好了。"就这样，人们有灾有难的都到红军卫生员的坟头上去祈祷，祈求他的保佑。

老百姓的这一行为，引起了反动派的恐慌，他们说这是共产党的阴谋。国民党专员高文伯派保长张建秋立即挖坟。老百姓知道后，非常气愤，纷纷谴责保长的这一行为。恼羞成怒的保长举起锄头狠狠地朝坟头上挖去，一挖，挖动了坟上的泥土和碎石，一块石头掉下来，正好砸在他自己的脚背上，鲜血直流。老百姓见状乘机忙说："红军坟显灵了！"人们纷纷向四周散开。愚蠢的保长顾不得脚疼，匆匆逃回了家。从此以后，人们就把红军坟当作神灵来祭拜。谁家有人出门未归，谁家有人病了，甚至谁家没有生儿育女，都到红军坟前祈祷。碰巧家人平安回来了，病人好了，或生了儿女，他们就说红军坟"灵验"。就这样一传十、十传百，方圆几百华里都知道红军坟能显灵。红军坟在老百姓的心里，真成了救苦救难的菩萨。人们更加爱护红军坟，凡来祈祷的人，都要给红军坟添一把土，有的还在坟旁栽树、种花，红军坟渐渐变得越来越高大。

不久，专员高文伯从红军坟旁经过，发现红军坟变得比以前

中华人民共和国成立后，迁到遵义红军烈士陵园内的红军坟

遵义红军烈士陵园内红军卫生员为小孩治病的铜像

更高更大了。他认为保长张建秋办事不力,命令县长去挖坟。乡亲们知道后,纷纷拿着锄头、镰刀,来到红军坟前阻止挖坟。县长骑着一匹马,坐在马背上,老百姓七嘴八舌地阻止反动派挖坟时,吓坏了县长骑的马,马惊叫乱蹦,马蹄子一下就夹到石缝里,把县长从马背上摔了下来。老百姓一看连忙说:"红军坟显灵了!红军坟挖不得!"吓得县长浑身发抖,慌忙跪地求饶。

图为遵义红军烈士陵园内的红军烈士纪念碑。碑的正面是1984年11月2日邓小平题写的"红军烈士永垂不朽"八个大字

第二部分　强渡乌江　智取遵义

红军坟没有被挖掉，专员很生气，他命令军队趁夜深人静时悄悄地把坟挖掉。老百姓知道后，又连夜把坟垒了起来。第二天一个传说传开了，人们说："红军坟挖不得，头天挖了，第二天又长出来了。"愚昧的反动派以为红军坟真的是自己长出来的，从此以后，再也没有人敢动红军坟了。

长征小百科

"无名英雄"可能为龙思泉

1954年3月，遵义市人民政府将红军坟从郊外桑木桠迁入遵义红军烈士陵园内。1965年，中国人民解放军第七军医大学（现为陆军军医大学）副政委钟有煌带领学员到遵义野营。他听到红军坟的故事，看了红军坟的简介后，联想到长征时他在红三军团五师十三团任医生，部队撤离遵义郊区驻地时，确有十三团二营卫生员龙思泉因外出给老百姓看病未能归队一事。怀着对战友的真挚感情，他用了很长时间进行多方调查核实，最后确认"红军坟"里长眠的就是他的战友龙思泉。在未发现新的材料之前，应该是可信的。

龙思泉，广西人，从小跟着父亲学用草药治病，1929年参加了著名的百色起义，加入红军部队。不久，在连、营当卫生员，牺牲时为红三军团五师十三团二营卫生员。

第三部分

遵义会议
伟大转折

1935年1月初，红军在长征途中攻占遵义。1月15日至17日，中共中央政治局在这里召开扩大会议。会议增选毛泽东为中央政治局常委，取消博古、李德的最高军事指挥权，由中革军委主要负责人朱德、周恩来指挥军事，周恩来为党内委托的对于指挥军事上下最后决心的负责者。此后，在红军转战途中，于2月5日，中共中央政治局常委进行分工，决定由张闻天代替博古在党内负总的责任，毛泽东协助周恩来负责军事指挥。

　　遵义会议确立了毛泽东在红军和党中央的领导地位，在极其危急的情况下挽救了党，挽救了红军，挽救了中国革命。会议的一系列重大决策，是在中国共产党同共产国际中断联系的情况下，独立自主地作出的。遵义会议是党的历史上一个生死攸关的转折点，以毛泽东为核心的党的中央领导集体开始形成，标志着中国共产党在政治上开始走向成熟。

服从会议决定的博古

长征时期的博古

博古，原名秦邦宪。1907年6月24日，生于江苏无锡。1925年加入中国共产党。1926年赴苏联学习，1930年回国。1931年9月至1935年2月任中共临时中央总负责人。长征开始时为"三人团"成员。遵义会议后，任中央书记处书记、红军总政治部代理主任。

中共临时中央总负责人博古，在遵义会议上作关于反对敌人五次"围剿"的总结的报告，即会议决议中的"主报告"，作为党的总负责人和领导战事的最高"三人团"主要成员，他在报告中对第五次反"围剿"战争和长征以来的工作进行总结。这个报告经会前的充分准备，不能不说很严谨，他在报告中广征博引，侃侃而谈，口若悬河。然而，与会同志几乎都能听出他的报告过分地强调失败的客观原因，把第五次反"围剿"的失败和突围以

1935年1月15日至17日，中共中央在遵义召开政治局扩大会议，即著名的遵义会议。图为遵义会议会址

来的损失，归于帝国主义和国民党军队的强大，还有德、意、美等国的军事顾问参与策划，这就形成了对红军的绝对优势；党在白区的工作没有做好，游击战争未能很好开展，瓦解敌军的工作很薄弱，各根据地之间未能很好配合，根据地后方物资供应太差等。他讲的这些不能说不是第五次反"围剿"未能粉碎的原因，但他对这次战争中自己在领导军事工作中的失误却讲得很少，也缺乏认真检查和分析。同时，他还举出一些实例反复说明六届四中全会后在政治上、战略上都是按中共驻共产国际代表的指示，部署是正确的，显然他已意识到很多人对他上台以来的不满，他认为

参加遵义会议人员（遵义会议陈列馆一角）

有必要利用领导人这么齐的机会予以回答。他的报告讲了一个多小时，会场里始终安静得出奇，他深深被与会同志冷漠的眼光和没有任何反应甚至令人窒息的会场气氛所困扰。

几天会议，总的趋势是博古、李德不能再领导下去，再领导下去就无人服了。拥护支持毛泽东出来指挥红军，已成定局。博古对自己所犯错误虽缺乏认识，但他最后表示服从会议大多数人的决定；而李德作为军事顾问，本来在党内、军内就无任何职务，虽拒不承认错误，也只能"无可奈何花落去"。

遵义会议结束后，博古仍与中革军委纵队的同志一起离开遵义向北行进，一路上他深思不语，郁郁寡欢，只是骑着马跟着队伍走。在遵义开会那几天的情景，总是萦绕在博古心头。第五次反"围剿"的失败，撤离中央革命根据地和突围以来受到的重大损失，同志们对此提出尖锐的意见，自己虽然缺乏思想准备，但作为受党培养教育多年的领导人，他是可以接受的，并在会议结束前表明了自己的态度，接受同志们的批评，对反"围剿"的失败，身为党的总负责人，应负主要责任。但靠博古目前的状态，再领导下去是困难的，中央政治局常委毛泽东、洛甫（张闻天）、周恩来几人在一起商议时，洛甫明确提出是改换党的领导人的时候了。1935年2月初，红军向云南扎西地区集中途经一个叫"鸡鸣三省"的小村庄时，周恩来到博古住处同他进行了一次推心置腹的长谈。周恩来的话有理有据，感人肺腑，使博古对自己有了进一步的认识，解开了十多天来的思

1935年2月初，周恩来到博古住处，与他进行了一次推心置腹的谈话。周恩来实事求是的一席话，解开了博古的思想疙瘩，决定把党中央负总责的职务交给张闻天，维护了遵义会议的成果。图为版画《周恩来与博古谈话》

想疙瘩。1935年2月5日，中央政治局常委开会研究常委分工时，决定由洛甫代替博古在党内负总责，顺利实现了"博洛交权"。

会后，周恩来对博古说：这几年你搞组织工作、宣传鼓动工作都很有能力，眼下王稼祥病情趋重，我这个红军总政委急需帮手，你来出任红军总政治部代理主任，意下如何？博古接受了周恩来的建议，走上了新的工作岗位。自此，博古不论在会理会议，还是红一、红四方面军会合后，在张国焘分裂活动的政治危崖下，都始终维护和巩固毛泽东的领导地位,没有迷失跌宕,谱写了一个共产党人光明磊落的人生篇章。

长征小百科

博古论遵义会议

长征军事计划未在政治局讨论,这是严重政治错误。长征是搬家,抬轿子,使红军受到很大削弱。当时军事计划是搬家,准备到湘鄂西去,六军团是先头部队。当时三人团处理一切(博、李、周)。干部的处理我负全责。长征过程中毛主席起来反对错误领导,从湘南争论到遵义会议。长征军事计划全错的,使军队有消灭危险,所以能保存下来进行二万五千里长征,因有遵义会议,毛主席挽救了党,挽救了军队。教条宗派统治开始完结,基本上解决问题,组织上也做了结论。

——摘自1943年11月13日博古在中央政治局会议上的发言

敢于担当的周恩来

长征时期的周恩来

　　周恩来，1898年3月5日生于江苏淮安，原籍浙江绍兴。1921年加入中国共产党。1931年12月，进入中央革命根据地后，任中央苏区中央局书记、红军总政治委员兼红一方面军政治委员、中革军委副主席。长征开始时任中央政治局委员、书记处书记，"三人团"成员。遵义会议取消"三人团"后，任三人军事指挥小组成员。

　　遵义会议上，继博古的"主报告"之后，中央政治局常委、中革军委副主席、红军总政治委员周恩来代表军委作了军事问题的"副报告"。他在报告中明确指出导致第五次反"围剿"失利的主要原因，是军事领导在战略战术上的错误，并且主动承担了责任，诚恳地作了自我批评，也含蓄地批评了博古、李德所提倡的"短促突击"和同强大敌人拼消耗的错误。他的报告时间不长，

图为遵义会议会议室。遵义会议会议室为"柏公馆"二楼东侧的客厅，呈长方形，面积 27 平方米。室内保留着当年挂在东墙上的壁钟和一张褐色长方桌，桌子四周围着 20 张木架藤条折叠靠背椅，桌下有一个开会时取暖用的炭火盆

用了四五十分钟。整个报告内容体现出他的性格。与会同志听了两个报告，明显地感觉到博古的"主报告"是强调第五次反"围剿"失败的客观因素，而"副报告"则侧重检讨了军事指挥方面的主观因素。特别是周恩来的报告，使"三人团"另一位成员李德深感不安。对于李德来说，周恩来在遵义政治局扩大会议上的态度，无异于最高"三人团"行将瓦解的一个信号。

周恩来是"三人团"成员之一，但毕竟同博古、李德不一样，有丰富的实践经验，在革命实践中已经逐渐看清楚不能再照原来那样走下去了，这在黎平会议上已表现得很明显。周恩来在1943年11月27日中央政治局会议上曾说过："……从老山界到黎平，在黎平争论尤其激烈。这时李德主张折入黔东。这也是非常错误的，是要陷入蒋介石的罗网。毛主席主张到川黔边建立川黔根据地。我决定采取毛主席的意见，循二方面军原路西进渡乌江北上。李德因争论失败大怒。此后我与李德的关系也逐渐疏远。我对军事错误开始有些认识。军事指挥与以前也不同，接受毛主席的意见，对前方只指出大方向，使能机动。因此遵义会议上我与博古的态度有区别。"

周恩来出以公心、顾全大局的态度，对扭转遵义会议形势起到了关键性的作用。如果没有他站出来，会议要取得这样大的成功是不容易的。英国作家韩素音曾经写道，周恩来坦率地告诉同志们，毛泽东的"观点正确，我们应当听他的"。毛泽东后来曾说过："那时争取到周恩来的支持很重要，如果周恩来不同意，

遵义会议期间周恩来住室

遵义会议是开不起来的。"周恩来作报告时，李德听得很专注，他后来在《中国纪事》中写道："博古把重点放在客观因素上，周恩来则放在主观因素上，而且他已经明显地把自己同博古和我划清了界限。"

周恩来是中国共产党与红军的缔造者之一。1927年4月12日，蒋介石叛变革命，屠杀共产党人。周恩来、贺龙、叶挺、朱德、刘伯承等人率先在1927年8月1日领导了南昌起义，打响了武装反抗国民党反动派的第一枪。在长期的革命实践中，周恩来与毛泽东结下深厚的友谊。

周恩来是1931年年底进入中央苏区的，成为中央苏区中央局书记，实际上是当时中央苏区的最高首长。周恩来到苏区前不久，即1931年11月初，在瑞金召开了中国共产党中央苏区第一次代表大会，史称"赣南会议"。这次会议上，王明"左"倾教条主义路线占了上风，毛泽东在苏区的工作被指责为"狭隘的经验论""极严重的一贯右倾机会主义"，他的中央苏区中央局代理书记、红一方面军总政委的职务也被撤销了。

长征小百科

周恩来论遵义会议

宁都会议以后，毛泽东同志对军队的领导被取消了。1933年又反对罗明路线，反对邓、毛、谢、古（邓小平、毛泽覃、谢唯俊、古柏，编者加），正确的同志都受到打击。搞得最凶的是江西，因为临时中央1933年初到了江西，执行国际路线。结果使党在白区的力量几乎损失百分之百，苏区的力量损失百分之九十。当时在军事上有个李德，他虽然是个顾问，却成了太上皇，他说了算。他和博古的军事路线相合，一直搞到遵义会议。当时的军事路线执行的结果是退出江西，被迫长征。现在看来，当时不退出江西是不可能的。到了遵义会议，毛泽东同志才在军事上纠正了错误路线，挽救了中国革命。没有遵义会议，中国革命不知道要推迟多久。有了遵义会议，虽然长征中受了损失，又遇到了张国焘分裂党另立"中央"，但是在毛泽东同志的领导下，战胜了狂风巨浪，克服了党内的危机。

——摘自《周恩来选集》下卷

周恩来深知毛泽东是中央苏区的缔造者，他一到瑞金，便首先去看望毛泽东，与他作了长谈。在与王明"左"倾教条主义路线斗争的日子里，对毛泽东的帮助，周恩来起到了积极的作用。

长征开始后，红军遭受了很大的损失。周恩来愈加真切地认识到，毛泽东的战略战术思想是正确的。他对博古、李德的态度开始转变。

遵义会议后，博古、李德下台已成定局，但由谁来接替博古呢？1935年2月5日，中央政治局常委在一起开会重新研究常委分工时，周恩来主张让毛泽东来接替博古，但毛泽东说，洛甫是五中全会选出的常委，大家容易接受，同时他又是从莫斯科留学回来的，共产国际那边也容易通过。大家同意了毛泽东的意见，由洛甫代替博古在党内负总的责任，顺利实现了"博洛交权"。

作"反报告"的张闻天

长征时期的张闻天

张闻天,又名洛甫。1900年8月30日生于江苏南汇(今属上海市)。1925年加入中国共产党。同年去莫斯科中山大学、红色教授学院学习、任教,并在共产国际东方部工作。1931年回国,1933年1月赴中央革命根据地,任苏区中央局宣传部部长、中华苏维埃共和国中央执行委员兼人民委员会主席。长征开始时任中央政治局委员、书记处书记,中华苏维埃共和国中央政府人民委员会主席,遵义会议后任中央总负责人。

遵义会议上,周恩来的"副报告"结束后,中央政治局常委(书记处书记)、中华苏维埃共和国中央政府人民委员会主席、素有党内理论家之称的张闻天不慌不忙地拿出一份早已准备好的、写得密密麻麻的好几页提纲,提纲的题目和博古的"主报告"一样,也是《关于反对敌人五次"围剿"的总结》,不过张闻天针对博古的报告,作了著名的"反报告"。他开宗明义地说:"听了博古同志关于第五次反'围剿'总结报告和周恩来同志的'副报告'之后，我们认为博古同志的报告基本上是不正确的！"

张闻天的提纲，总结了过去一年多来错误的军事指导思想，其具体表现在对待国民党军队的堡垒政策，不顾敌强我弱的客观情况，采用堡垒对堡垒的错误战术。同时，在反"围剿"中的几个大战役中，不应当与敌主力进行抗击，而且在作战中分散兵力；未能利用蔡廷锴十九路军事变的有利时机打击蒋介石，以粉碎敌人的"围剿"；红军突围西征后，又把战略转移变成搬家式的行动，致使红军大量减员；当红军到了湘黔交界处时，在不利于我军的情况下，仍坚持要向红二、红六军团地域前进，而不知道按已经变化的情况来改变自己的行动方针；等等。他对"左"倾领导错误进行了系统的揭露和批评。

接着他指名道姓地批评了博古、李德的错误。后来杨尚昆回忆说："他（张闻天）作报告时手里有一个提纲，基本上是照着提纲讲的。这个提纲实际上是毛泽东、张闻天、王稼祥三位同志的集体创作而以毛泽东同志的思想为主导的。"

洛甫总结的内容及观点与博古的"主报告"截然相反，由此有了洛甫在遵义会议上作"反报告"的美谈。不论如何，洛甫的这一报告，不啻是给博古当头棒喝。一年多来，博古虽然已感到洛甫对他的领导方法及一些政策方针有意见，但没有想到这位莫斯科的老同学会如此系统地有论有据地对他进行毫不留情的批评指责。

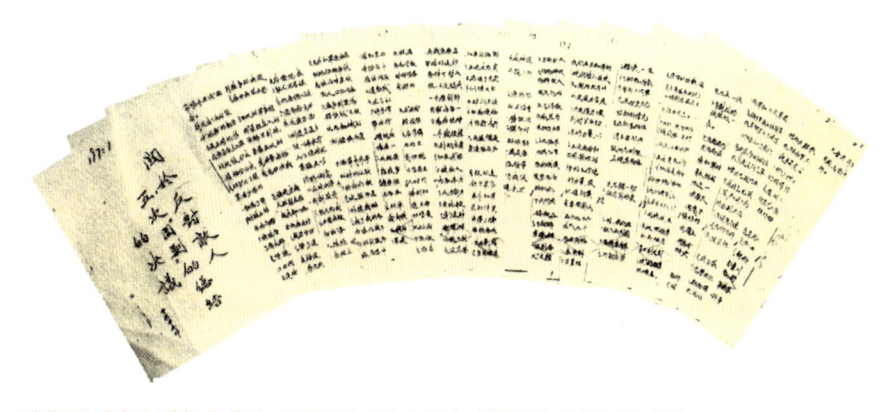

张闻天受会议委托起草的《关于反对敌人五次"围剿"的总结的决议》

与会同志都了解,博古和洛甫曾是志同道合的"百分之百布尔什维克"战友,都在六届四中全会上一起走上党的领导岗位。洛甫性格温和忠厚耿直,作风民主,在党内和苏区有很大影响。他在报告中对博古、李德甚至对周恩来有的事也直言不讳地批评,会场内不少同志因震惊而兴奋得眼睛发亮。

遵义会议上,张闻天受会议委托起草了中共中央《关于反对敌人五次"围剿"的总结的决议》,即著名的遵义会议决议。会议还形成比较一致的意见,由张闻天代替博古担任党中央的总负责人,但由于张闻天本人再三推辞,会议对这个问题暂时没有作出决定,直到1935年2月5日,政治局常委研究决定张闻天代替博古在党内负总的负责。

在以遵义会议为标志的我党历史转折关头,为挽救处于十分危急情况下的党和红军,实现党的路线转变,促进遵义会议取得圆满成功,张闻天起到了其他同志不可替代的作用。

长征小百科

张闻天论遵义会议

　　长征出发后,我同毛泽东、王家(稼)祥二同志住在一起。毛泽东同志开始对我们解释反五次"围剿"中中央过去在军事领导上的错误,我很快的(地)接受了他的意见,并且在政治局内开始了反对李德、博古的斗争,一直到遵义会议。

　　遵义会议在我党历史上有决定转变的意义。没有遵义会议,红军在李德、博古领导下会被打散,党中央的领导及大批干部会遭受严重的损失。遵义会议在紧急关头挽救了党,挽救了红军,这是一。第二,遵义会议改变了领导,实际上开始了以毛泽东同志为领导中心的中央的建立。……

——摘自 1943 年 12 月 16 日张闻天延安整风笔记

张闻天 1943 年 12 月延安整风笔记中的一段手迹

"有备而来"的毛泽东

> **长征时期的毛泽东**
>
> 毛泽东，1893年12月26日生于湖南湘潭。1920年在湖南创建共产主义小组。1921年7月出席中国共产党第一次全国代表大会。长征开始时任中央政治局委员、中华苏维埃共和国中央政府主席。遵义会议后任中央政治局常委、三人军事指挥小组成员。1935年11月，任中华苏维埃共和国西北革命军事委员会主席、红一方面军（即中央红军）政治委员。1936年10月，红一、红二、红四方面军胜利会师后，12月，任中共中央革命军事委员会主席。

继博古、周恩来、张闻天三人的三个报告后，首先发言的是毛泽东，他一反过去总是会议快结束时才发言、从不照着稿子说而是即兴发言的习惯，这次却拿着一张写着提纲的纸，显然是有备而来的。与会同志都注意到了他和往常的不同，大家低声议论起来，很快又安静了，准备仔细听听毛泽东的发言。

毛泽东说道："前面就是夜郎国了。这是当年李白流放的地方。

而李白并没有真的走到夜郎,他是中途遇到大赦就回去了。可是老天,谁赦我们哪?蒋委员长是不会赦我们的!我们还得靠两条腿走下去。"

会场上活跃起来,引起一阵低微的笑声。

"问题是,为什么我们会走这么远的路呢?"他的话锋一转就归入正题,"这是因为我们丢掉了根据地嘛。而为什么会丢掉根据地呢?按博古同志的说法,是敌人的力量太强大了。不错,敌人的力量确实很强大;可是前几次'围剿'难道敌人的力量就不强大?红军到第五次反'围剿'已经发展八万多人,而前几次反'围剿',红军打了那么多仗,也不过一两万、两三万人。所以,敌人的第五次'围剿'没能被粉碎,还是我们在军事路线上出了

遵义会议期间毛泽东住室

1964年，毛泽东为遵义会议会址题写了"遵义会议会址"六个大字，这是他唯一一幅为革命旧址题的字。遵义会议纪念馆将题字放大，用优质木料制成大匾，高挂于会址门楣上，现已成为中华名匾

毛病。这毛病主要是不承认中国的革命战争有自己的特点，不承认中国的革命军队必须有一套独特的战略战术。"

"我们的敌人也是犯类似错误的。"毛泽东接着说，"由于他们不承认同红军作战需要有不同的战略战术，所以招致了一系列的失败。后来，国民党的反动将军柳维垣、戴岳先后提出了一些新意见，蒋介石采纳了，开始对我们采取堡垒政策。可是在我们的队伍中却出现了回到'老一套'的人们，要求红军'以堡垒对堡垒'，'拒敌人于国门之外'。这样整整同敌人拼了一年消耗，根据地越来越小，本来是为了不放弃一寸土地，最后不得不全部放弃，来了一个大转移。"他说到这里，既沉痛又尖锐地说："采取这种战术的同志就不看看，敌人是什么条件，我们是什么条件，我们同敌人拼消耗拼得起吗？比如，龙王同龙王比宝，那倒还有看头，如果是乞丐同龙王比，那就未免太滑稽了！"

会场上又腾起了一阵笑声。李德的头低了下去，博古的脸也顿时红了。

"当然，这些同志的用心是好的。"毛泽东的口气缓和了一些，"他们主要是怕丢地方，怕打烂我们的坛坛罐罐。打烂坛坛罐罐，我也怕咧，难道我就不怕？可是，不行啊，同志们。事实上常常是只有丧失才能不丧失。如果我们丧失的是土地，而取得的是战胜敌人，加恢复土地，再加扩大土地，这就是赚钱生意。市场交易，买者如果不丧失金钱，就不能取得货物；卖者如果不丧失货物，也不能取得金钱。革命运动所造成的丧失是破坏，而取得的是进步和建设。睡眠和休息丧失了时间，可是取得了明天工作的精力。如果有什么蠢人不知道这个道理，拒绝睡觉，我看他明天就没有精神了。同志们，你们说是不是这样？"

同志们大笑。

"有的同志，总是对诱敌深入想不通。"毛泽东继续说，"他们不是批评我逃跑主义，就是批评我游击主义。其实，谁不知道，两个拳师相对，聪明的拳师往往先退让一步，而蠢人倒是其势汹汹，劈头就使出全副本领，结果却往往被退让者打倒。我们都没有忘记《水浒传》上的洪教头吧，他在柴进家里要打林冲，一连唤了几个'来''来''来',结果还是被退让的林冲看出破绽,一脚就把他踢翻在地。"说到这里,他叹了一口气,"可是有的同志总是不能理解这个道理。我们进行的是运动战,我们的原则是:打得赢就打,打不赢就走。我总是对同志们说,准备坐下又准备走路,不要把干粮袋丢了。而有的同志总是摆出一个大国家的统治者架势,要打什么'正规战争',非常害怕流动。好,世界上的事情就是这样,反对流动却来了个大大的流动。……同志们,我们还是一切从实际出发,有什么条件打什么仗,在什么山上唱什么歌吧!"

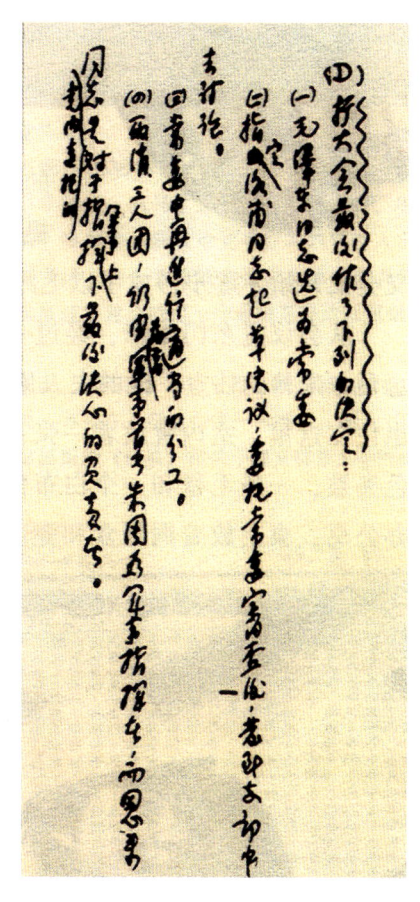

陈云记录的《(乙)遵义政治局扩大会议》中记载的有关遵义会议作出的决定

　　毛泽东的发言,切中了博古、李德在军事指挥上的错误要害,反映了大家的共同想法和正确意见,加上他的讲话艺术、政治眼光和驾驭革命战争的智慧,得到了与会大多数人的热烈拥护。

　　毛泽东高屋建瓴的发言,摆事实,讲道理,说出了党和红军高级干部们长期压抑在心底想说而未说的话，得到大家一致的拥护和赞同。与会同志纷纷用自己的亲身体会，揭露和批评博古、李德错误的军事指挥和极端恶劣的领导方式；一致认为，毛泽东是军事方面领导我们最合格的领导人，现在他就应当出来担此重任。经过激烈争辩，会议决定增选毛泽东为中央政治局常委。

长征小百科

毛泽东论遵义会议

遵义会议是一个关键，对中国革命的影响非常之大。但是，大家要知道，如果没有洛甫、王稼祥两个同志从第三次"左"倾路线分化出来，就不可能开好遵义会议。同志们把好的账放在我的名下，但绝不能忘记他们两个人。当然，遵义会议参加者还有别的好多同志，酝酿也很久，没有那些同志参加赞成，光他们两个人也不行；但是，他们两个人是从第三次"左"倾路线分化出来的，作用很大。从长征一开始，王稼祥同志就开始反对第三次"左"倾路线了。

——摘自1945年毛泽东在党的第七次代表大会期间的讲话记录

旗帜鲜明的王稼祥

长征时期的王稼祥

王稼祥，1906年8月15日出生于安徽省泾县厚岸村。1925年加入中国共产主义青年团，随后到苏联学习。1928年加入中国共产党。1930年回国，1931年4月到中央苏区。长征开始时任中央政治局候补委员、中革军委副主席、红军总政治部主任。遵义会议后任中央政治局委员、中革军委副主席、红军总政治部主任、三人军事指挥小组成员。

遵义会议上毛泽东发言结束后，中央政治局候补委员、中革军委副主席、红军总政治部主任王稼祥紧接着发言。王稼祥在第四次反"围剿"战争中受伤，伤口一直未痊愈，是躺在担架上走上长征路的。他待毛泽东讲完后，从躺椅上起来，一手撑在长桌上，开始发言，他说：我完全赞成洛甫的报告和坚决支持毛泽东的发言。第五次反"围剿"未能粉碎的重要原因，就是博古和李德一

王稼祥对遵义会议情况的回忆手迹

再拒绝许多同志的正确意见，特别是否定毛泽东提出的一系列正确建议，完全抛弃前四次反"围剿"中苏区军民共同总结的成功经验，独断专行。王稼祥态度明朗地指出，中央应立即采取必要的组织措施，让有实践经验又能联系群众的毛泽东回到中央的决策岗位上，负责指导今后红军的行动。而已被第五次反"围剿"战争和长征以来的实践证明，不能再继续担此重任的博古和李德，应立即交出军事指挥权。

　　王稼祥的发言很短，但使会议进入了高潮，是他在会上明确提出应让毛泽东出来领导红军。他的这一意见分量很重。毛泽东后来对王稼祥在遵义会议上的发言给予了高度评价，说他"投了关键的一票"。遵义会议上，王稼祥被增选为中央政治局委员。

张闻天、毛泽东、王稼祥三人发言后，已经为会议定下了基调，引起与会同志的共鸣，纷纷争先恐后地表示自己的态度，有的心平气和，有的慷慨激愤，赞成和支持张闻天、毛泽东、王稼祥的正确主张，批评博古、李德的错误军事指挥，会场上已形成一边倒的声音。

王稼祥1925年献身革命，后被党派往莫斯科学习，在莫斯科与王明等人结识。1930年回国，1931年到中央革命根据地担任红军总政治部主任的重要职务。此后，他开始与毛泽东接触，通过实践工作，王稼祥逐渐认识了毛泽东，他对毛泽东丰富的武装斗争经验，对毛泽东指挥的第一、二、三次反"围剿"的胜利，对毛泽东的建党建军思想均深感敬佩。

在第四次反"围剿"中，由于敌人飞机的突然袭击，王稼祥身负重伤，肠子被打穿，耳膜被震破，后又患了急性化脓性腹膜炎。长征开始后，王稼祥被担架队抬着行军。当时，毛泽东也因病坐担架，他们经常在一起，商谈党和红军的前途命运，两个人的心贴得更近了。王稼祥坦率地向毛泽东表示了自己对当前形势的忧虑，指出为挽救红军，必须把李德等人"轰"下台。

1934年12月下旬，军委纵队到达黄平县境内。随军委纵队行军的张闻天和王稼祥所乘的担架停在一片茂密的、挂满了橙红的橘子的橘树林里休息时，他们两人头靠头躺着，忧心忡忡地议论着当前的形势。王稼祥问张闻天说："红军最后的目标，中央究竟定在什么地方？"

张闻天叹口气说:"咳,也没有一个确定的目标。这仗这样打,看起来不行,还是要毛泽东出来,他打仗有办法,比我们有办法。"

王稼祥当天晚上就将张闻天的想法打电话告诉了彭德怀,也告诉了毛泽东。这一消息在刘伯承等几位主要将领中不胫而走,大家都一致认为,应该在适当的时候召开中央政治局会议,以便从根本上解决红军所面临的危险局面。

在快到遵义的时候,王稼祥向毛泽东提议:"必须在最近时间召开一次中央会议,讨论和总结当前军事路线问题,把李德等人'轰'下台去。"

毛泽东同志高兴地说道:"好啊,我很赞成。"并要王稼祥多找几位同志商量商量。

遵义会议期间王稼祥住室

王稼祥陆续找了张闻天、聂荣臻等人，谈了他对博古、李德等人的不满，并建议由毛泽东出来领导红军。

王稼祥是第一个提议召开遵义会议的人，并起了关键作用。

长征小百科

王稼祥论遵义会议

我是带着伤发着烧参加会议的。毛泽东同志发言完后，我紧接着发言。我首先表示拥护毛泽东同志的观点，并指出了博古、李德等在军事指挥上的一系列严重错误，尖锐地批判了他们的单纯防御的指导思想，为了扭转当前不利局势，提议请毛泽东同志出来指挥红军部队。

张闻天同志随即表了态，支持毛泽东同志和我的意见，对博古、李德等人的错误进行了批判。

周恩来同志紧接着表示赞成，态度诚恳，一面自己承担了责任，一面请毛泽东同志重新指挥红军。

其他几位主要领导同志也都表了态，会场上的意见就基本统一了。但是也有个别同志不仅仍坚持错误意见，而且情绪对立，不愿将印把子交出来。

会上，李德独自坐在会场的门旁，一言不发，一个劲地吸烟，情绪十分低落。

会议开了三天，委托张闻天同志执笔写出会议的决议案。

——摘自王稼祥回忆遵义会议前后

"不能再跟着走下去"的朱德

长征时期的朱德

朱德，1886年12月1日生于四川省仪陇县。1922年加入中国共产党。1925年赴苏联学习军事。1926年回国。1927年7月至8月，同周恩来、贺龙、叶挺、刘伯承等组织和领导了南昌起义。1928年1月，同陈毅一起在中共湘南特委配合下发动与领导湘南起义。同年4月，率领南昌起义保留下来的部队和湘南起义农军1万余人陆续转移到井冈山，同毛泽东领导的部队会师，任中国工农革命军（不久改称中国工农红军）第四军军长，领导了井冈山地区军民的反"进剿"、反"会剿"斗争，保卫并扩大了中国第一个农村革命根据地。长征时任中央政治局委员、中革军委主席、红军总司令兼第一方面军总司令。

中央政治局委员、中革军委主席、红军总司令兼第一方面军总司令朱德在遵义会议上声色俱厉地批判李德错误的军事指挥，他表示："如果继续这样错误的领导，我们就不能再跟着走下去!"朱德的严正态度,震动了与会的军团长和政治委员们,他们深知,一贯服从党指挥的红军总司令,这是在万不得已的情况下,才说出了这样的话。历史实践说明,朱德凭着其在党和红军中的突出地位和巨大威望,在遵义政治局扩大会议上表明的态度,为解决党内极其复杂的矛盾,确立毛泽东的领导地位,起到了其他同志不可替代的作用。朱德在遵义会议讨论解决军事领导问题过程中的态度,直接影响了会议的成败,圆满地解决了军事领导问题。

康克清曾回忆道:当年虽住在会场对面,只知道会议争论激烈,当朱德开会回来,向来遵守党的纪律不过问朱德的事的她,也情不自禁地问朱总会是不是开完了,朱总说会还未开完,不过大势已定了。他还兴奋地告诉康克清,现在好了,毛泽东又有了发言权,又可以参与指挥部队了。

遵义会议上,朱德是毛泽东的又一个强有力的支持者。朱老总在党内、军内是德高望重的忠厚长者,又与毛泽东有着"朱、毛不可分"的关系,他与毛泽东的友谊持续了长达近半个世纪。

1922年,36岁的朱德为了探寻救国救民的真理,毅然去了德国。在那里他结识了周恩来,并加入中国共产党,成为一名忠诚的共产

长征小百科

遵义会议

朱德

群龙得首自腾翔,
路线精通走一行。
左右高低能纠正,
天空无限任飞扬。

油画《转折——遵义会议》（沈尧伊 作）

主义战士。1925年转赴苏联学习。1926年，朱德回国后，受中央军委派遣到国民党四川军队中进行革命工作。1927年1月，他遵照中央军委指示，到南昌创办国民革命军第三军军官教育团，不久兼任南昌市公安局长。8月，朱德参与领导南昌起义，任起义军第九军副军长。1928年4月24日前后，毛泽东领导的井冈山工农革命军与朱德、陈毅率领的南昌起义保留下来的部队和湘南起义农军在井冈山会师，这一历史性的会面，开始了朱、毛长达近半个世纪的合作。两军会师后，合编为"中国工农革命军第四军"，朱德为军长，毛泽东为党代表。

毛泽东与朱德的合作相得益彰，毛泽东是一位具有雄才大略的战略家，一个激情洋溢的诗人；朱德则是一位宽厚长者，有着丰富的实战经验。

在第一、二、三次反"围剿"中，朱德与毛泽东共同指挥红军，长途转战、机动灵活地打击敌人，取得了辉煌的胜利。当王明等"左"倾教条主义者将毛泽东撤职以后，朱德与周恩来一起，按照毛泽东的战略战术指挥作战，取得了第四次反"围剿"的胜利。

在与"左"倾领导人进行斗争的时候，朱德为毛泽东辩护说："毛主席是军事家，是红军的主心骨，如熟语说的，能'运筹于

遵义会议期间朱德住室

帷幄之中，决胜于千里之外'。所以，红军能从小到大，从弱到强，使中央苏区红军发展到 10 万人，全国的红军发展到 20 万人。"又说："我是旧军人出身，会打仗，打了好多年，经过不少辛酸苦辣的事，也学到了不少知识，但还没有毛泽东同志那样看得远，也没有周恩来同志那样看得深，所以我很信服他们。"

作为一个久经沙场的红军领导人，朱德对军事顾问李德的瞎指挥极为不满，他说："李德顾问来了以后，住在瑞金，不下去调查，靠看地图、电报指挥前方的战斗，而我们在前方最了解情况的人，反而不能指挥，这就有问题嘛。"

遵义会议之后，朱德继续担任中革军委主席、红军总司令，毛泽东重新指挥红军，红军又成了朱毛红军。广大指战员莫不欢欣鼓舞，奔走相告，红军得救了！

第四部分

四渡赤水
出奇制胜

1935年1月，遵义会议期间，国民党中央军和湘、桂、川、黔、滇等省地方军阀部队约150个团40万人，从四面八方蜂拥而至，企图以装备优良的庞大兵力在长江以南、乌江以北的狭窄地区把30 000多红军一举歼灭。为摆脱敌强我弱的被动危险局面，毛泽东、周恩来、朱德等根据遵义会议决定，率领红军从遵义地区出发，准备在宜宾、泸州之间或宜宾上游北渡长江，与红四方面军在成都之西南或西北建立根据地。

　　由于敌情的变化，毛泽东等率领红军在赤水河上声东击西，忽南忽北，四次渡过赤水河，迂回曲折地穿插于敌重兵之间，使国民党军感到扑朔迷离，疲于奔命。四渡赤水之战，开辟了红军西进云南，由长江上游金沙江皎平渡渡口北渡长江进入四川，最终实现遵义会议渡江北上的战略计划，写下了一代伟人军事指挥史上的得意之笔，导演出了一部有声有色、威武雄壮的活剧。

运动战的光辉典范——四渡赤水

毛泽东军事生涯中的得意之笔

中央红军从四渡赤水河到巧渡金沙江，是长征中最惊心动魄的军事行动，是遵义会议开始确立以毛泽东为主要代表的马克思主义正确路线在党中央的领导地位的结果，是红军战争史上以弱胜强、以少胜多、由被动变为主动的运动战的光辉典范，是中外战争史上的奇观。

1960年，英国陆军元帅蒙哥马利在中国访问时，盛赞毛泽东指挥的辽沈、平津、淮海三大战役，可以与世界上任何伟大的战役相媲美。毛泽东却出人意料地回答："四渡赤水才是我的得意之笔。"

根据遵义会议作出的决定，1935年1月19日，中央红军30 000余人在毛泽东等的指挥下，分三路离开遵义北进，准备在泸州和宜宾之间北渡长江，到川西北建立根据地，与川陕革命根据地的红四方面军会合。28日，红军在习水县土城镇青杠坡遭到

图为赤水河。赤水河是中国长江上游的一条支流,发源于云南省镇雄县鱼洞乡大洞口,上游称鱼洞河,曲折北流至镇雄、威信两县交界处折转向东,流经红土川后,始称赤水河。流至川、滇、黔三省交界处的三岔河后,成为川、黔两省界河,流至仁怀县小河口后即进入贵州省境内,由南向北流进茅台镇,将茅台镇分为东、西两半,沙滩至古蔺河口段再次成为川、黔两省界河。流进贵州省赤水市大同镇后折向东北,在鲢鱼溪出贵州省境,进入四川省,在四川省合江县注入长江,全长约523公里

国民党川军郭勋祺旅的阻击且后续部队不断赶来增援。为了摆脱被动局面，29日拂晓前，红军从土城、猿猴场（今元厚）等渡口第一次渡过赤水河，向川南古蔺、叙永地区推进。

红军一渡赤水河后，在三岔河、叙永县城郊遭到川敌截击。这时，川敌已派重兵严密封锁了长江沿岸，各路敌军也正向川南黔北蜂拥而来，中央红军从宜宾附近北渡长江已经不可能。于是，中革军委和毛泽东等毅然决定，暂缓执行北渡长江的原定计划，转向敌人防御薄弱的云南扎西地区，实施机动作战，待机歼敌。

红军在扎西迎来了中国的传统节日——新春佳节，部队在此得到了短暂的休整，开展了打土豪、分浮财等群众工作，并缩编机构，下放干部充实战斗连队。经过缩编，红军提高了机动能力，增强了战斗力，为运动作战创造了有利条件。

红军转入云南，正当蒋介石感到疑惑不解的时候，得到了薛岳送来的重要情报："红军在遵义召开了会议，毛泽东重新指挥红军。"蒋介石非常忌惮毛泽东领导红军，他在给部下的信中写道："毛既已当权，今后对共军作战，务加谨慎从事。"

中央红军进入扎西地区后，云南军阀龙云惶恐不安，他既怕红军赤化云南，又怕国民党中央军趁机挤进云南，除掉他这个"云南王"，因此他拼命想把红军从他的地盘上赶走。此时，国民党中央军从扎西东南方向向红军进攻，滇军孙渡部从扎西西南方向向红军进攻，川军各旅从扎西东北、西北方向向红军合围。一时间，国民党中央军、川军、滇军从四面八方向红军扑来。

土城渡口

敌人主力向川黔边境集中，致使黔北兵力空虚。中革军委和毛泽东决定出其不意，挥师东进，向黔北桐梓、遵义发起进攻。

2月11日，中央红军从扎西突然调头东进，18日至21日，由太平渡、二郎滩等渡口东渡赤水河（即二渡赤水），之后重占桐梓，鏖战娄山关，再占遵义城，将国民党军追击至乌江南岸，胜利结束了遵义战役。遵义战役共歼灭和击溃国民党中央军吴奇伟部2个师和黔军王家烈部8个团，俘敌3 000余人，取得长征以来最大的一次军事胜利。

遵义战役红军大胜，蒋介石哀叹"是国军自追击以来的奇耻大辱"，他于3月2日飞抵重庆指挥，判断红军或"向东图"与红二、红六军团会合，或过长江与红四方面军会师，立即调整部署围堵红军。当蒋介石调动部队向红军夹击时，红军为了调动敌人，寻求新的机动，往西推进，于3月16日在茅台渡口及其附近地区西渡赤水河（即三渡赤水），再向古蔺、叙永前进。

红军一个团在镇龙山与川军打了一仗，连夜打着火把佯装主力，大张旗鼓地向川南古蔺前进，造成又要北渡长江的假象。这一招真灵，蒋介石果然上当了，急令各路大军向川南奔集。红军主力于21日至22日在太平渡、二郎滩等渡口迅速第四次渡过赤水河，挥师南下，留下红九军团在仁怀马鬃岭一带牵制敌人，主力越遵义、仁怀大道，于3月底在大塘河、梯子岩等渡口南渡乌江。

4月初，红军佯攻贵阳，吓得于3月24日飞抵贵阳督战的蒋介石急调云南的滇军驰援贵阳。滇军东调，云南空虚，红军急行军连克定番（今惠水）、紫云等县城，渡过北盘江，于4月底威逼昆明，5月初巧渡金沙江，跳出了国民党军在云、贵、川边追堵红军的包围圈，取得了战略转移中具有决定意义的胜利。

长征小百科

四渡赤水出奇兵

（《长征组歌》之四）

横断山，路难行。天如火来水似银。
亲人送水来解渴，军民鱼水一家人。
横断山，路难行。敌重（zhòng）兵，压黔境。
战士双脚走天下，四渡赤水出奇兵。
乌江天险重（chóng）飞渡，兵临贵阳逼昆明。
敌人弃甲丢烟枪，我军乘胜赶路程。
调虎离山袭金沙，毛主席用兵真如神。

朱德亲自上前线

土城会议

　　遵义会议后，中央政治局和中革军委决定北渡长江，在成都西南或西北建立苏区根据地。1935年1月27日，红军北进途中与国民党川军在青杠坡遭遇。28日晨战斗打响，由于战前对敌情和川军战斗力判断有误，红军处于背水作战的危险境地。下午，中央政治局和中革军委负责人在土城爱华商店举行紧急会议，史称"土城会议"。会议果断决定撤出战斗，西渡赤水河，并决定朱德、刘伯承等仍留前线指挥，周恩来负责在天亮前架好抢渡赤水河的浮桥，陈云负责安置伤病员和处理军委纵队的笨重物资。29日拂晓前，红军从土城、猿猴场等渡口第一次渡过赤水河，向川南的古蔺、叙永地区推进。

　　1935年1月27日，红三军团3个师和红五军团2个师占领土城镇东有利地形。之后与尾追的四川军阀刘湘的部队郭勋祺旅在青杠坡一带展开激战，青杠坡失守。战斗一直持续到深夜。红五军团的阵地被敌人冲破，敌人抢占有利地形，步步向土城镇逼近。红军前有强敌，后有赤水河挡路，形势十分危急。

在这危急时刻，朱德总司令挺身而出，准备亲临前线指挥作战。毛泽东不同意朱总司令上前线冒险。朱老总着急地把帽子一摘，坚定地说："得喽！老伙计，不要光考虑我个人的安全。只要红军胜利，区区一个朱德又何惜！敌人的枪是打不中朱德的！"毛泽东被朱德的真诚和坚决所感动，只好同意了。

临行前，毛泽东与中央领导同志为朱德送行。朱老总激动地说："不必兴师动众，不必兴师动众，礼重了！礼重了！"

毛泽东动情地说："理应如此！理应如此！桃花潭水深千尺，

土城远眺

第四部分　四渡赤水　出奇制胜

土城青杠坡遗址

不及你我手足情嘛。祝总司令多抓俘虏，多打胜仗！"

朱老总亲临前线指挥战斗的消息传开以后，红军战士们顿时勇气倍增。

28日下午1时左右，敌人的进攻又开始了，他们仰仗着精良的武器和优势兵力，疯狂地向红军阵地扑来。红五军团的战士们毫不畏惧，一次次将疯狂的敌人击退。子弹和手榴弹不多了，他们就用石头砸，与敌人拼刺刀。关键时刻，毛泽东命令军委干部团向敌人发起反冲锋。朱老总赶到干部团亲自指挥，他不顾警卫员和干部团团长陈赓、政委宋任穷的劝阻，冒着敌人的炮火，紧跟着反冲锋的战士前进。此时，敌我阵地已没有

明确界线，呈犬牙交错状。当朱老总率领几个战士刚爬上一个小山梁时，二三十个敌人突然冲了过来。朱老总沉着地一面指挥大家抢占有利地形，一面对战士们说："别慌，等敌人靠近一点再开火！"

当敌人走近的时候，他迅速举起20响匣子枪，喊了声："打！"随后"砰砰"两枪，两个敌人应声倒地。战士们手中的枪也齐向敌人射去。此时，十几名战士从侧后赶到，两面夹击，二三十个敌人只有几名逃跑了。

朱老总高兴地对战士们说："好样的，多谢啰，这里没事啦，继续往前打！"

下午 2 点多钟，奉命从赤水地域赶回增援的红一军团立即投入战斗，终于击溃敌人，巩固了红军的阵地。

此时，中共中央和中革军委领导人通过截获的国民党军情报，发现川军兵力不是原来估计的 4 个团，而是 6 个团万余人，同时，川军还在不断增援，局势对红军极为不利。中央政治局和中革军委负责人在土城爱华商店举行紧急会议，果断决定撤出战斗，西渡赤水河，并决定朱德、刘伯承等仍留前线指挥，周恩来负责在天亮前架好抢渡赤水河的浮桥，陈云负责安置伤病员和处理军委纵队的笨重物资。

为了掩护红军主力安全渡过赤水河，红一军团第二师第四团奉命阻击敌人。

当红四团到达青杠坡时，敌人已经占据了有利地形，控制了制高点。这里地势险要，树高林密，给阻击带来了困难。英勇的红军战士不怕牺牲，顽强奋战，终于占据了几座矮山头。

战斗激烈进行的时候，开完会返回前线的朱老总又来到了红四团的阵地，战士们见总司令来了，顿时精神大振。

敌人居高临下，向红军阵地射击，子弹横飞。大家非常担心朱老总的安全，一军团组织部长萧华一再劝朱老总退到安全的地方，都被他一次次地回绝了。

朱老总观察着战场的态势，估计中央红军主力已渡过了赤水河，便果断地下令红四团后撤。除留下红四团的一个营作掩护外，其余的两个营开始撤退。这时，萧华等人又劝朱老总说："总司令，你年岁大，路又很滑，还是先走一步吧，这里有我们顶着，你放心好了。"

"不行！"朱老总头也不回。为了让部队安全撤离，朱老总在阵地上时而查阅地图，时而拿起望远镜瞭望。

当撤离到安全地带后，杨成武政委心有余悸地说："总司令，我们在掩护你，你怎么走得这么慢呀？"红四团团长黄开湘也说："我们急得心都快跳出来了！"

朱老总和蔼亲切地笑了笑，风趣地说："急什么，诸葛亮还摆过空城计呢！"

长征小百科

朱德：红军中官兵们吃穿一样，白军里将校尉待遇不同。

——摘自《长征胜利70周年：穿越历史的长廊》

粟裕：说服教育胜过拳头，而官兵平等的实际行动又胜过万语千言。在人民军队里，扫除了几千年军队内部的统治与被统治的关系，建立起了新型的人与人的平等关系。

——摘自《粟裕回忆录》

彭雪枫：特别是在长征途中极端困难的条件下，亦是上下一致，官兵平等，过着同样的生活，领导干部和士兵伙食完全一样。

——摘自《毛泽东与彭雪枫的一次争论》

钟赤兵娄山关失腿一只

毛泽东提议在娄山关立个碑

娄山关战斗中，右腿负伤的钟赤兵三次截肢的英勇事迹被毛泽东等领导人知道后，到医院看望伤病员时，毛泽东亲切地拉着钟赤兵的手说："小鬼，又负伤了？"钟赤兵用手指了指自己的腿部，哽咽着说不出话来。心细如发的毛泽东看着钟赤兵痛苦的表情，什么都明白了。为了打破沉闷的气氛，毛泽东风趣地说："应该在娄山关立个碑，写上'钟赤兵在此失腿一只'。"

中央红军一渡赤水后，转移到云南扎西。1935年2月10日，部队在云南扎西进行了整编，增强了战斗力。为了摆脱国民党军的围追堵截，中革军委和毛泽东等决定回师东进，二渡赤水，再入贵州，先夺娄山关，再占遵义城，在运动中歼灭敌人。

娄山关位于遵义、桐梓两县交界处，是川黔交通要道上的重要关口，地势险峻，有"一夫当关，万夫莫开"之势，自古以来

黔北要隘娄山关。拍摄于 20 世纪 90 年代

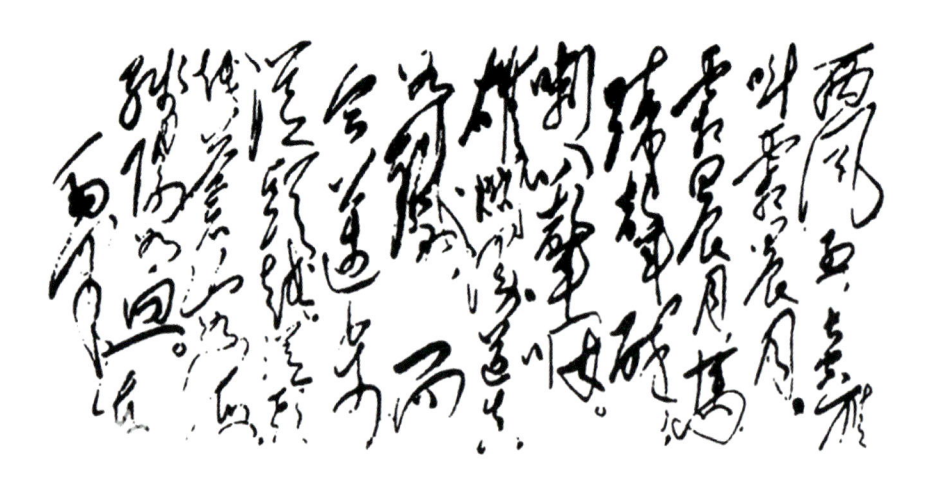

遵义战役之后，毛泽东作词《忆秦娥·娄山关》

就是兵家必争之地。

2月25日，红三军团第十三团奉命向娄山关急进，在娄山关北麓红花园与赶赴桐梓增援的国民党黔军第六团遭遇，敌人措手不及，一边战一边退，退守至关口，红军勇猛冲杀，与敌人反复争夺娄山关的制高点点金山，终于在黄昏前拿下了点金山，占领了关口。敌军疯狂反扑，在山坡上挖掘战壕死守，两军相持不下，情况十分紧急。为了顺利攻下娄山关，彭德怀下令红三军团十二团增援前线。

午夜，红十二团团长谢嵩、政委钟赤兵率部从桐梓楚米铺连夜赶赴娄山关，接替已经血战一天一夜的十三团。26日清晨，盘踞在关南的黔军第六团趁着满山的浓雾，组织敢死队向关口发起冲锋，企图夺回失去的阵地。钟赤兵率十二团一营和侦察排担任前锋，年仅21岁的钟赤兵，冲在队伍最前面，战士们看到政委冲在前面，都奋不顾身，冒死冲锋，终于控制了关口。

上午 8 时许，峡谷中的浓雾渐渐散去，王家烈的"双枪兵"过足鸦片烟瘾之后，在轻、重机枪的掩护下，如潮水般从娄山关下沿着十步一弯、八步一拐的弯曲公路号叫着扑上来。钟赤兵率全营指战员居高临下，全力迎战，打得敌人连滚带爬，龟缩到了公路两侧的壕沟里。

上午 10 时，敌人又发起新的反扑。钟赤兵见弹药已不多了，便大声命令："上刺刀，取出马刀！……"待敌人靠近，他一声呐喊着带领战士们如同猛虎般冲入敌群，挥动马刀横劈竖砍，杀得敌人丢盔弃甲，四散逃走。

钟赤兵乘胜追击，率一营指战员一直杀到黑神庙前。突然，一颗子弹飞来，钟赤兵的腿部被击中，他的身子猛地一晃，摔倒在地上。警卫员急忙上前扶他，却见一股殷红的鲜血从钟赤兵的右腿上冒出来。警卫员失声叫道："政委，您负伤了，我背您后撤！"

长征小百科

忆秦娥·娄山关

毛泽东

西风烈，
长空雁叫霜晨月。
霜晨月，
马蹄声碎，
喇叭声咽。

雄关漫道真如铁，
而今迈步从头越。
从头越，
苍山如海，
残阳如血。

"别声张，擦破点皮，不碍事！"钟赤兵轻声说。他强忍着疼痛，要警卫员搀扶他站立起来。警卫员只好一把搂住他的腰，将他按坐在一块石头上，说道："政委，您伤成这样，我给您包扎一下再杀敌不迟！"说罢，警卫员撕下自己衣服的一角，帮钟赤兵包扎伤口，血肉模糊中，只见钟赤兵的右小腿被子弹穿透，包了十多层布，鲜血仍止不住地往外渗。警卫员赶紧找来卫生员，可是，没等卫生员包扎好伤口，钟赤兵就拖着伤腿继续指挥战斗了。当黔军被击溃向南逃跑后，战士们才发现钟赤兵已经昏迷在阵地上了。

红军占领遵义城后，医生立即为钟赤兵治伤。由于伤势严重，必须截肢。红军医院的手术条件极其简陋，没有医疗器械，也没有麻药，手术工具只有一把老百姓用的砍柴刀和一条只有半截的木匠锯子。

手术做了三个半小时。当钟赤兵再一次从昏迷中苏醒过来时，他的右腿膝盖下只剩下小半截了。没过几天，钟赤兵的伤口感染了，腿肿得厉害，持续高烧不退，又陷入昏迷中。为了保全性命，医生又为他做了两次截肢手术。半个月内，三次截肢，钟赤兵的右腿被迫从股骨根部截去。他以顽强的超人毅力强忍着三次截肢的巨大痛苦，一次又一次地战胜死神，奇迹般地活了过来，走完了长征路。

邓萍血洒遵义城

张爱萍回忆邓萍牺牲时的情景

军团参谋长邓萍同志来到前沿和我一起观察敌情,并对我说:"你们先钳制住守城之敌,待军团主力到达后,今夜发起总攻,一定要在明天拂晓前夺下遵义,情况紧急,明天增援遵义的敌人薛岳部就可能赶到……"突然他的头栽倒在我的右臂上,我还没弄清怎么回事,他那为革命事业英勇献身的殷红的热血已染满我的衣襟,邓萍同志不幸中弹没有来得及说完要说的话就悲壮地牺牲了。

1935年2月,中央红军二渡赤水,挥师南下,在桐梓、娄山关、板桥一线歼灭黔军一部。27日,红军追击黔军到遵义城北的大桥、高坪、董公寺一带,迅速击败由娄山关一线溃退下来在此负隅顽抗的残敌。黄昏时分,红军攻占了遵义新城的新街,但老城仍有黔军的余部。

邓萍

由于军情紧急,军委两次电令红一、红三军团务必在27日夜间集中全力实施迂回战略,火速解决老城残敌,并做好准备于次日打击国民党中央军吴奇伟增援的部队。

为了攻占老城,实施军委战略计划,奉命攻打老城的红三军团第四师第十一团在军团参谋长邓萍和团政治委员张爱萍、团参谋长蓝国清的率领下,逼近城北一带。守卫老城的黔军凭借高厚的城墙据守。为执行军委一定要在28日拂晓前攻下遵义新、老城的命令,邓萍、张爱萍、蓝国清冒着敌军密集的弹雨,匍匐前进至城下河滩边,隐蔽在一个小土墩后的草丛中,一面举着望远镜观察河对岸拱安关上的敌情,一面指挥侦察分队越墙进城,一个小通信员在来回传达命令时,暴露了目标,城墙垛子内的守敌不停地向他们的隐蔽处射击,突然邓萍"哎哟"一声,头一歪,倒在张爱萍的右臂上,张爱萍正要问是怎么回事,殷红的鲜血已染红了他的袖子和衣襟。邓萍不幸被敌军击中头部,壮烈牺牲,年仅27岁。

在邓萍牺牲的当夜,红军满怀为邓萍参谋长复仇的怒火,一举攻克了遵义老城。当红三军团在鸭溪举行祝捷大会时,张爱萍

再现邓萍倒在张爱萍怀里牺牲时情景的雕塑

邓萍墓，前方碑文为1979年10月张爱萍题写

第四部分　四渡赤水　出奇制胜

的心情依然沉重，不禁吟诵出一首诗来：

> 长夜沉沉何时旦？黄埔习武济国端。
> 北伐讨贼冒弹雨，平江起义助烽焰。
> "围剿"粉碎苦运筹，长征转战肩重担。
> 遵义城下洒热血，三军倚马哭奇男。

这首诗不仅概括了邓萍短暂的、革命的一生，更情真意切地抒发了张爱萍痛失战友的悲痛心情。

长征小百科

刘文秀：历经生死的磨难，战友情更弥足珍贵。如果没有炊事员老王那一碗尖椒汤，没有大个子红军战士伸出的枪托，我不可能走出草地。

——摘自《难忘草地战友情》

张震：没有领导和战友们的关心、照顾，我是不可能走完长征的。

——摘自《长征路上战友情》

王家树：最难忘是战友情。如果没有战友相助，我根本活不到今天。我们应该发扬官兵团结友爱的光荣传统，这是我们制胜的一个重要法宝。

——摘自《老红军王家树在长征路上的故事》

打落第一架敌机

回忆长征途中被飞机轰炸的情景

战斗员的枪也打断了,子弹也烧炸了,炊事员的铜锅打破了,菜盆子打烂了,运输员的公文担子也打碎了。地面是打得(的)几个窟窿,松树也打得倒下很多,树枝、枝叶(叶片)也混着牺牲战士的血肉,武器、行李、泥土撒得满地,一丛(片)绿森森的松林已经成为脱叶萎枝的枯柴一堆,很好憩息的荫地已成为血肉横飞、尸体狼藉的血腥场所了!到此的人,没有不痛心疾首的,禁不住的(地)滴下泪来,巴不得立即捉住那飞机师,来千刀万剐,生啖其肉。

——摘自童小鹏《残酷的轰炸》

1935年3月中旬,红军到达茅台地区。一天下午,中央纵队在茅台附近蜿蜒的山路上继续前进时,"嘀嘀嘀嗒嗒嗒……"的飞机警戒号,从队伍的前后中发出来,大家的精神都紧张了。原本在路上走得整整齐齐的队伍,马上疏散隐蔽到了山路两旁的丛林中,挤满人的小路上,一下子就没有了人的踪影。大家藏在树

红军在茅台渡口三渡赤水河时搭浮桥拴棕绳的黄桷树

林里，蹲在田沟里，伏在田坎下，做好隐蔽。尽管部队利用山林进行了隐蔽，但还是被发现了。一切都静止了，只是三架飞机在上空盘旋。敌机盘旋了一阵后，"轰隆"一声，就开始轰炸，部队战士中出现了伤亡。战士们见此情景，个个咬牙切齿，人人义愤填膺，都来找警卫营机枪连连长叶荫庭请战：

"连长，打吧！前几次便宜了他们，这回让他们有来无回。"

"打吧！连长！"

叶荫庭也心如火焚，恨不得马上下命令打。但是，当时上级规定机枪连打不打飞机，必须有总参谋部的命令。正当叶荫庭急不可耐的时候，警卫营营长杨梅生来到了机枪连。叶荫庭急切地问:"营长,打吧?!"

杨营长点了点头说:"总参谋部下达了命令,中央纵队目标已经暴露,机枪连迅速占领阵地,痛击敌机,掩护中央纵队安全行进。"

接到上级命令,叶荫庭观察了一下敌机盘旋的航线,指着附近最高的一棵树的树梢,下达了命令,不到三分钟,四挺代用高射机枪就做好了战斗准备。

"敌机已进入我们的预定目标。"观察员喊道。

"给我狠狠地打……"

一声令下,一道火网撒了出去。瞬间,天空中发出了一声刺耳的怪叫。战士们定神一看,好家伙,一架敌机冒着浓烟,向茅台镇坠去,随着"轰"的一声,只见一道火光和一团浓烟。

"打落了!""报销了!""敌机见鬼了!"

山林中一片欢呼声。另外两架敌机拼命挣脱了红军布置的火网,钻到射程以外的高空中,发出了呜呜咽咽的哀鸣,逃回去了。

当天晚上,部队到了宿营地,总政治部主任王稼祥委托组织部、宣传部的四名同志来到机枪连慰问。

第二天上午,行军途中,一位首长骑着马,来到了机枪连的行进队列旁,问道:"你们是机枪连吗?"

"是,首长。"叶荫庭赶紧上前敬了个礼。

这时,他才看清这位首长是总政治部主任王稼祥。他站在一块草坪上,对机枪连的指战员挥了挥手,说:"机枪连的全体同

《红星报》报道红军在茅台打飞机

志们好！我是来向你们祝贺的！你们打敌人的飞机打得好，打掉了敌机的威风。现在，不再是我们怕敌机了，而是敌机怕我们了。你们在红军中开创了打敌机的先例，要好好总结经验，向其他部队推广。"最后，他还鼓励战士们："你们机枪连在掩护中央纵队长征中是有功的。我们长征还要有很长的路，希望你们能再立大功。"

长征小百科

红军女战士李坚真回忆红军过茅台时的情景

1935年3月，我们长征到贵州省仁怀县茅台镇，由于长途劳累和暂时甩掉了蒋介石军队的围追堵截，大家都希望能轻松一下，当听说当地酒好，芳香味美，大家很高兴。有的用酒揉揉手脚、擦擦脸，擦过之后，真有舒筋活血的作用，浑身感到痛快。同志们喝了酒后，长途行军的疲乏全消失了，因风寒而引起拉肚子的同志喝了酒也好了。这时，周恩来同志到达我们的驻地，一看这情况，就问我们知不知道这是什么酒，我们都说不知道。他告诉我们，这是巴拿马万国博览会上获了金奖的茅台酒啊。随后他又给我们讲了茅台酒的名贵和有关酒的一些知识，使我们长了见识。我们才知道用那种喇叭形的土罐盛装的竟是世界闻名的茅台酒！

红军与布依族首领陆瑞光结盟

布依族首领陆瑞光

陆瑞光是贵州镇宁六马区弄染的布依族首领。1928年至1929年，镇宁、紫云一带汉族与少数民族之间、客家与土家之间的武装冲突非常激烈，少数民族内部，这一寨的地主豪强和另一寨的地主豪强之间，为了扩张各自的势力范围，常常借一点小事情、小仇怨，聚众械斗。加上反动派为从中取利而挑拨离间，制造纠纷，弄得民族隔阂愈来愈深。陆瑞光在这样的环境中，也搞了几十支枪，搜罗了一些打手，用来保护自己，也便于和邻近的寨子打冤家（旧时对某些少数民族地区为报冤仇而发生械斗的称呼），并且搞出了一点名气。国民党第二十五军把他"招安"并将其队伍编为一个团，并任命他为团长，调到紫云等县去"清乡"。陆瑞光不知道"招安"不过是为了削弱他的力量，改编他的队伍，最后是"赔了夫人又折兵"，送光了100多支枪的老本，还落得个莫须有的罪名，被反动政府四处通缉，只好逃回家乡"占山为王"。

长征途中，刘伯承与小叶丹"彝海结盟"已是众所周知的故事，而在一个多月前红三军团军团长彭德怀、政委杨尚昆在贵州镇宁与布依族首领陆瑞光的结盟协议，知道的人就不多了。

1935年4月中旬，中央红军主力行进至贵州西南地区。16日夜，抵达镇宁弄染一带宿营。

陆瑞光

当红军来到镇宁时，陆瑞光的队伍已达到1 000多人，是当地农民武装的主力。由于不了解红军对少数民族的政策，他便带着自己的武装逃到寨后山林里去了。

红三军团驻扎在弄染期间，大部队在寨子外边的田坝里宿营，只有极少数红军进寨找老百姓问路和借用小东西，十几个红军首长住在陆瑞光家里。这种情形，寨上的人早就报告给了陆瑞光，当红军派人去找他谈话时，他还是不相信红军，先后派堂弟陆顺芳、"连长"伍国斌、"参谋长"张海宽带着10多个弟兄来和红军谈判。陆瑞光假扮士兵，在一旁观察。

陆瑞光没有表明身份，只是站在张"参谋长"背后，听红军首长谈话。红军首长向他们讲共产党对少数民族的政策，说明汉族、苗族、布依族不论各民族人口多少，都一律平等。还说不许汉族欺压苗族、布依族，并反对王家烈、犹国才派捐派款。这些话句句都打动了陆瑞光的心。他半信半疑地回到自己家，发现堂屋门都关得好好的，住在他家里的红军，只在厢房里打地铺休息，门板都没有搬动一块。屋外来来去去的红军也只在街上走动，不

长征小百科

刘伯承与小叶丹"彝海结盟"

1935年5月红军先遣队前卫连行进到彝族聚居的喇嘛房，这里山势更加险要，道路崎岖，易守难攻，常被手持棍棒、长矛、弓箭、土枪的彝民堵住去路，交银元后才准通过，或是被剥光衣服后放回。彝民还常在树林里放冷枪，红军严格执行纪律，一概不许还击，队伍中已有少数战士伤亡。根据彝民重义气的特点，萧华传达了红军司令刘伯承愿与该地彝族首领小叶丹结为兄弟的意愿，小叶丹欣然同意。

5月22日，在山清水秀的彝海边，刘伯承与小叶丹举行了著名的"彝海结盟"仪式。刘伯承以诚恳态度，向小叶丹重申红军来意，表示红军打败国民党反动派后，一定帮助彝族人民解除外来欺压，建设自己美好家园。随后，刘伯承将带来的武器、弹药送给了小叶丹，并帮助他们建立了中国彝民红军沽鸡支队，任命小叶丹为支队长，写下了委任状，还赠送了小叶丹"中国夷（彝）民红军沽鸡支队"的旗帜。之后，在小叶丹等人的带领下，红军顺利通过了国民党断定红军无法通过的彝区。"彝海结盟"成为红军长征途中的一段佳话。

随便进入群众家里，说话也是有说有笑、客客气气的。陆瑞光深深地被红军这种和蔼的态度和严明的纪律所感动，便情不自禁地走上前来对一个红军首长说："我就是你们要找的陆瑞光。"这时，红军首长站起来招呼他坐下谈话。陆瑞光立刻吩咐张海宽找人做饭，又吩咐几个弟兄去宰了一只大肥猪，把猪肉和家里所有的米一起送到寨外红军的驻地去，盛情款待红军，与彭德怀、杨尚昆进行了深入交谈。陆瑞光真切地说："以前，不知道咱们农民还有自己的军队，我愿和红军一起抗捐抗税！"

当晚，彭德怀、杨尚昆以红三军团的名义与陆瑞光签订了《反对蒋介石、反对王家烈、反对犹国才及国民党苛捐杂税的协定》，赠给陆瑞光一面红旗和一些武器，双方商定留下红军营长方武先等12名指战员和伤病员，帮助开展武装斗争，建立敌后革命根据地。

至今，中央档案馆还存有一份编号10188号的电报，电文如下：

沙子周（沟）百数十里，有夷兵约千，有师团营组织，一首领名陆瑞光，我们已与其订立作战协定：反蒋、王、犹国民党及苛捐杂税。留有一批伤病员、赠步枪三十六支，并留一批工作人员。

彭德怀、杨尚昆 1935 年 4 月 16 日 17 时 30 分

4月17日清晨，陆瑞光护送红三军团顺利穿过沙子沟、良

1989年10月27日，中华人民共和国民政部颁发的陆瑞光革命烈士证明书

田一带。红军走后，陆瑞光和他的部下抬着红军赠送的武器回到寨子。其中三挺机关枪中有一挺能够旋转射击，远近几十里的农民都跑来观看这挺机关枪。陆瑞光非常高兴，凡是来看的人他都招待，亲自向群众宣传红军的好处，并且说："红军首长说过，我们少数民族要反对王家烈、犹国才，大家就应该很好地团结起来。"

陆瑞光因与红军签订了协议，成了国民党当局的眼中钉。1936年12月26日，陆瑞光在家中被诱捕。1937年春，陆瑞光被国民党反动派杀害于贵阳八角岩，时年36岁。

第五部分

勇往直前
走向胜利

遵义会议后，中央红军四渡赤水河，巧渡金沙江，摆脱了几十万国民党军队的围追堵截，取得了战略转移中具有决定性意义的胜利。接着强渡天险大渡河，飞夺泸定桥，翻越人迹罕至的夹金山，1935年6月中旬，在懋功（今小金）同红四方面军会师。1935年8月，红军右路军穿越茫茫大草地。9月17日，陕甘支队在彭德怀的率领下突破天险腊子口，占领哈达铺，从报纸上了解到陕北根据地和红军活动的情况。9月27日，中央政治局常委正式决定前往陕北，同徐海东、程子华、刘志丹率领的红十五军团会师。10月19日，到达陕北吴起镇。中央红军行程二万五千里、纵横11个省的长征胜利结束，终于实现了战略大转移。1936年10月，红二方面军和红四方面军到达甘肃会宁地区，与前来接应的红一方面军胜利会师。红军三大主力会师，宣告长征胜利结束。

飞夺泸定桥

为什么红军控制了安顺场渡口，还要飞夺泸定桥？

　　大渡河两岸地势险峻，河床倾斜，水流湍急，小船不能直接到达安顺场对面的渡口，必须用人力把小船拉到上游五六百米处才能渡到对岸。小船往返一次，需要一个小时，这样缓慢的速度大概需要一个月才能把全部红军渡过江去。红军工兵连曾试图在两岸架桥，但失败了。

　　如果红军不能迅速渡江，长期处在狭隘的河谷之中，是非常危险的。所以毛泽东等中央领导决定，兵分两路沿大渡河而上，夺取泸定桥，让后续部队迅速过江。

　　红军攻占了安顺场渡口，主力部队却不能靠三条小船渡过大渡河，所以，1935年5月28日，中革军委命令左纵队于29日夺下泸定桥。从那里渡过大渡河。

　　接到命令的红一军团第二师第四团距离泸定桥还有240华里。时间紧，任务重。红军先遣队赶往泸定桥的时候，国民党的援军

泸定桥

和红军隔着大渡河齐头并进。红军怕暴露目标，一般很少打火把。团长黄开湘和团政委杨成武商量，现在是和敌人抢时间比速度，敌人打着火把走，我们摸黑走，敌军就占优势了。于是决定："我们也把火把点起来！"可是双方只有一河之隔，如果对方和红军联络，暴露了身份打了起来，怎么办呢？

杨成武突然想到："我们为什么不用敌人的番号伪装自己，去蒙骗对方呢？"于是，他马上命令先遣队将附近村庄里老百姓家的竹篱笆买下来，绑成火把，一个班点一个。这样，大渡河这边出现了一条火把长龙，照亮了道路与敌人赛跑。

透过风雨声和大渡河的波涛声，对岸传来了敌人的喊声："啥子部队哟？"

红军早有准备，专门找了几个四川籍的红军战士，也扯着喉咙喊："肖绍成团的，你们呢？"

"三十八团的，你们也往泸定桥赶吗？"对方显然没有怀疑。

"是哟！你们呢？"

"一样一样，都是刘长官派的差！"

国民党军队万万没有想到，大摇大摆地跟他们并排走的，就是他们日夜想要消灭的红军队伍。两路火，两路兵，两支敌对的队伍就这样在一条河的两岸隔着河走了几十华里。到了深夜12点，对岸的那条火龙不见了，他们大概是走不动了。

乘着敌军休息的大好时机，红军马不停蹄地急行，终于在第二天凌晨赶到了泸定桥。部队创造了一天飞奔240华里的奇迹。

战士们稍作休整的时候，黄开湘、杨成武带领营连干部，来到河边观察地形。

泸定桥是一座铁索吊桥，桥长100多米，宽3米，13根铁链固定在两岸的石堆中，上面捆着厚木板，构成通行的桥面。汹涌的河水好像紧贴着铁索桥在咆哮。红军到达的时候，桥上的木板被敌人抽掉了，从岸边到河中心只剩下光溜溜的铁链。

在东岸的桥头，敌人摆着一个机关枪阵地，正对着红军，后面是由一个团的敌军把守的阵地。敌人的炮火一直没停，必须冲过去控制对岸，才能保证红军主力安全过桥。

红军长征时的泸定桥

团首长召开连以上干部大会决定：由第二连的二十二名勇士组成"夺桥突击队"，连长廖大珠任队长；由第三连组成"铺桥突击队"，连长王友才任队长。全团的其他战士在岸边负责掩护。

一分钟也不能耽误，必须在敌人增援部队到达前拿下这座桥。中午时分，在西桥头，第二连的二十二名勇士每人手持冲锋枪，背插马刀，腰间缠满手榴弹；第三连战士们背着枪，夹着木板，等待上桥铺路。

下午4点整，黄开湘下达"战斗开始"的命令，司号员吹响冲锋号，

油画《飞夺泸定桥》（刘国枢　作）

全团指战员用火力压制住敌军的炮火，战士们高喊："杀呀！……"

趁此机会，突击队员们突然冲向铁索桥。他们把手榴弹和枪捆在背上，用两只手交替着抓住铁链，摇摇晃晃地向前移动，很快就到了奔腾的河流之上。

冒着敌人的枪林弹雨，第一个战士中了枪，掉到下面奔腾的水流里；第二个也掉下去了，被滚滚的河水吞没；接着是第三个……剩下的战士越来越接近桥中心了。敌人慌了神，连枪都打不准了，大多数子弹从战士们身边擦过。

在敌人的枪林弹雨中，勇士们越来越接近东桥头。一名勇士从残存的桥板上爬过去，拔出一颗手榴弹，十分准确地把它扔到敌人的阵地上。敌人一下子乱了套。

敌人把煤油泼到桥板上，企图用大火拦住勇士们。桥板开始燃烧起来。这时，杨成武急了，他翻身冲上铁索桥，大声喊道："同志们，莫怕火，冲过去就是胜利！冲呀！冲呀！"冲锋号又震天地响起来。

廖大珠第一个冲进火海，紧接着，刘金山、刘梓华……勇士们一个接一个地冲进火海。更多的红军拥到铁索上来，赶过去救火和更换桥板。

桥头堡的敌人很快被消灭了，红军又冲向泸定城。没过多久，在安顺场过河的红军从侧面攻击残存的敌人阵地，并在后续部队的协助下，击败了敌军第三十八团一部。敌人四散奔逃，晚上7点，红四团彻底占领了泸定城。

5月30日，中革军委率领中央红军主力从泸定桥渡过大渡河。

长征小百科

七律·长征

毛泽东
红军不怕远征难，
万水千山只等闲。
五岭逶迤腾细浪，
乌蒙磅礴走泥丸。
金沙水拍云崖暖，
大渡桥横铁索寒。
更喜岷山千里雪，
三军过后尽开颜。

最后一次交党费

魏国禄回忆红军过雪山

长征中最困难的时候就数过雪山了，战士们手拉着手防止摔倒，山上不是刮风就是下雨，积雪常常从山头崩落，整个人都头晕目眩，浑身一点儿力气都没有，走几步就停下来喘气，结果越走越慢。起风了，一个同乡倒了下去，没等我走到他面前，就已经停止呼吸了，只有把他的尸体埋在雪缝里，继续前进。

——摘自《长征——前所未闻的故事》

中央红军北渡金沙江，跨过大渡河后，准备翻过夹金山与红四方面军会师。1935年6月，红五军团三十七团到达川西的宝兴县，按军团长的命令在宝兴以北约50华里的盐井坪构筑工事阻击尾追之敌。

中央红军从盐井坪这个深山谷整整过了两天，第三天一早，四川军阀邓锡侯的混成第一旅跟踪而来，遭到红三十七团的坚决阻击后，龟缩到离红军1华里多的地方构筑工事。此后，敌我双方白天互相射击，夜晚各自修筑工事，彼此对峙着。

战斗到第五天，红三十七团接到军团首长发来的电报，得悉在夹金山那边，红一方面军和红四方面军已胜利会师。红三十七团已经完成掩护任务，应立即北上。战士们听到这一消息，都说："翻过大雪山，我们也能见到红四方面军的同志了！"

红军根据一个二十六七岁的向导的建议，买了许多辣椒、大蒜、大葱，准备上山时吃，以抵御雪山上的寒气。

清晨，从盐井坪出发，赶到夹金山下，部队就地宿营。夹金山是红军长征路上翻越的第一座大雪山。当地民谣说："夹金山，夹金山，鸟儿飞不过，凡人不敢攀。要想翻越夹金山，除非神仙

中央红军翻越的第一座雪山——夹金山

下了凡。"但是，次日清晨，战士们吃完早饭，每个人喝了一碗辣椒汤后，向雪山走去。雪山上处处是高大的雪岩、峻峭的雪壁、深邃的雪壑。越往上爬，气温越低，寒风吹在身上，冷飕飕的；雪粒打在脸上，像刀割似的疼痛。红军身上穿的都是单衣，几乎和没穿衣服一样。再往上走，空气更加稀薄，胸口就像压着一块大石头一样透不过气来，两条腿也像灌了铅似的沉重。一营长彭少青同志挑着一连炊事班长老刘的那副油盐挑子，一步一步往上迈。老刘在后面跌跌撞撞地跟着，直嚷嚷："营长，我能挑，给我吧！"

气喘吁吁的炊事班长老刘实在走不动了，只好放慢步子，但仍上气不接下气地说："你别看我年纪大，我能和小伙子赛一阵呢！"

在路的两旁，一个个隆起的雪堆，使大家感到心情沉痛，仿佛那些牺牲的战友们在说：可不能松懈啊，一定要拿出身上所有的力气，咬紧牙关，坚持到底，战胜这冷酷无情的大雪山！

傍晚，部队翻过夹金山到达宿营的村庄，军团部的一个骑兵通信员送来了一封信，李屏仁团长一边拆信，一边笑着说："首长准是叫我们好好休息，恢复体力，好跟随全军继续前进！"

出乎意料之外的是信中说：奉军委电令，为了保卫党中央，掩护一、四方面军休整，你们接到信后，迅速越过夹金山，再至盐井坪一线坚守阵地，继续阻击尾随的敌人。

部队好不容易才翻过雪山，现在又要马上返回去。面对这一突如其来的任务，李屏仁立即召开干部会传达了军团首长的命令。

油画《过雪山》（吴作人 作）

开完干部会,谢良来到一连,看见同志们已派好房子,搭好床铺。他传达了明天要返回盐井坪的任务,大家都不知说什么好。突然,一个战士大声说:"好哇!盐井坪老乡说,只见有人上山去,不见有人下山来,这回我们过来又过去,要给他们开开眼界啦!"

"政委同志,我请求让我和大家一同回去!"炊事班长老刘补充说,"今天那副油盐挑子,要不是营长抢去挑,我照样挑过雪山!"他对同志们说:"为了党中央的安全,为了几万红军的安全,这样光荣的任务我怎能不参加?再说,我不过去,你们吃什么呀?"

第二天拂晓,在"再过夹金山,守住盐井坪"的响亮口号下,部队又一次向雪山进军。炊事班长老刘挑着油盐挑子,走得飞快,笑嘻嘻地说:"政委,我们连长、指导员叫我给说服啦!"

行军的速度很快,上午八九点钟登上了山顶。这时,山上弥漫着浓重的雾,浓雾忽而变成牛毛细雨,忽而又变成鹅毛雪片,大家的衣服、帽子全都湿了,寒风一吹,立刻结上了一层薄冰。

下山时,道路本来曲折陡峭,加上雾气在雪上又冻了一层冰,变得更加光滑难行。几个战士把枪抱在怀里,往下一坐,刺地滑下去了。垫着斗笠的,垫着毯子的,垫着一双草鞋的,坐着的,蹲着的,一齐向山下滑去。有些人互相撞上了,翻滚在雪地里,哈哈大笑着把对方搀扶起来,又继续往下滑。两个多小时后,部队来到山脚下,许多同志滚得从头到脚都是雪,有的衣服滑破了,有的脸颊跌肿了,大家互相一看,不禁大笑起来。

天黑时,盐井坪的灯光隐约可见。侦察排长王志雄迎上前来,报告说:"咱们走后,据说敌人怕红军有埋伏,一直没敢上来,现在阵地还空着呢!"这一意外情况,使部队前进的速度更快了。就这样红军到达了阵地。

红三十七团在盐井坪和敌人白天打仗,黑夜休战。双方相互对峙了一个星期,红军没有任何伤亡。

一天下午,李屏仁收到军团首长的电报:你团接此电后,应立即翻过夹金山,经达维到懋功待命。

又要第三次翻越夹金山了,团供给处发给大家一些辣椒、蒜头。清晨,部队上山了,由于有前两次的经验,大家走得不紧不慢,比第一次轻快很多。突然离山顶不远处,涌出一块乌云,向导神情紧张地说:"糟了!要来暴风雪了!"

"真的吗?"李屏仁赶紧问道。

"错不了,你看这块乌云。"向导十分肯定地回答。

只见乌云正在迅速扩大,大家立即做好抵抗暴风雪的准备。有的战士却不大相信,满不在乎地说:"他开玩笑吧?这么大的太阳,一丝风也没有,怎么会有暴风雪呢?"

乌云渐渐扩大,倾刻间天昏地暗,雪山也改变了刚才的容貌,变得阴森可怕。突然,山间长啸一声,狂风猛地向大家扑来,不一会儿,狂风卷着暴雪,铺天盖地地压来。整个雪山咆哮着,人往前走,狂风像只无形的巨手把人们挡住,稍抬起头,雪粒便刷刷地迎面射来,有的同志大声叫道:"我迈不开步子啦!"

"拉住!大家紧紧拉住!"同志们互相鼓励着。

终于，部队登上了山顶，这时候暴风雪逐渐减弱。但每个人都已精疲力竭。"老班长！老班长！"突然从不远的地方传来一阵惊呼，只见一连炊事班长老刘脸色苍白，躺在雪地上，已经不省人事了。

"赶快叫医生来！"谢良对站在老刘身旁的一连指导员说。

"去叫了。"指导员说，"唉！真想不到，刚才还好好的，起暴风雪那阵，别人要挑他的担子，他还不愿意。快到山顶时，他就喘得不行，一到山顶就坐下，坐下后就躺倒昏迷不醒……"

医生赶来，经过一番抢救，痛心地摇摇头。一连指导员俯下身子，叫道："老刘！老刘！"开始老刘没有任何反应，后来才微微睁开双眼，动了一下嘴唇，小声说道："指导员，我对不起党，没有能够坚持住……"

"老刘，不要紧的，你会好的！"谢良安慰说。

他强睁着眼，转向谢良说："政委，我……不行了，过不去了。"突然，他一只手颤抖着伸进口袋，拿出一个手绢包，塞到指导员的手里，而后微微一笑，断断续续地说："同志们，跟着毛主席前进，北上抗日！"说完后，紧闭了双眼，虽然同志们大声呼喊，但他再也没有回应了。

手绢里面有两张用旧了的中央革命根据地的钞票和一块银圆，还有一张小纸条，上面有两行模糊的铅笔字："如果我牺牲了，这是我的最后一次党费。"

谢良接过这个还留着老班长体温的手绢包，泪水模糊了他的

由于自然条件恶劣和断粮,许多红军战士长眠在雪山草地上。图为红一方面军翻越的雪山之一长板山上的红军烈士墓

双眼。回想长征以来,老刘始终勤勤恳恳……直到他为中国革命事业献出自己宝贵生命的最后一刻,他的肩上还挑着一副重担!这个小小的手绢包裹着的不是普通的两张票子和一块银圆,而是老刘同志的一颗心,一个共产党员对党对革命赤诚的心啊!

暴风雪已经过去,云层间射出了金色的阳光,雪山变得异常肃穆庄严,好像也在为老刘的牺牲表示哀悼!

"呜呜呜……"一直站在老班长身旁的一个年轻炊事员,突然失声痛哭起来，同志们也抹着眼泪。

老刘却一动不动地躺着，消瘦的脸上露出安详的笑容，像是睡熟了一般。

几个战士在路旁挖了一个雪坑，把老刘用军毯裹好，安葬了。大家脱下军帽，低头向那堆银白的雪墓静默志哀，然后陆陆续续离开。那个年轻的炊事员擦干泪水，从地上挑起老班长从江西挑来的那副油盐挑子，迈着坚定的步子，继续前进了。

长征小百科

红军长征一共翻越了多少座雪山？

红军爬雪山是一个统称，是红一方面军翻过的五座雪山、红二方面军翻过的十余座雪山和红四方面军累计翻过的雪山的总称。

1935年6月至7月，红一方面军所翻越的雪山为夹金山、梦笔山、长板山（亦名亚克夏山）、昌德山、打鼓山等五座。

1935年11月至1936年7月，红二方面军于长征途中所翻越的雪山为玉龙雪山、大雪山、小雪山、海子山、马巴亚山、麦拉山、德格雀儿山、长板山等十余座。

1935年3月至1936年7月，红四方面军所翻越的雪山为虹桥山、夹金山、梦笔山、长板山、昌德山、打鼓山、党岭山、巴郎山、鹧鸪山等九座，其中两次翻越夹金山、梦笔山、长板山，所爬雪山亦达十二次之多。

陈赓哭悼小红军

杨成武回忆红军过草地

草地的情景，真使人触目惊心啊！前面的草原茫茫无边，在草丛上面笼罩着阴森迷蒙的浓雾，根本分不清东南西北。……在这广阔无边的泽国里，简直找不到一条路，脚下是一片草茎和长年累月腐草结成的"泥潭"，踩在上面，软绵绵的，若是用力过猛，就会越陷越深，甚至把整个身子都埋进去，再也休想从里面爬出来。……草地上的水淤黑，都是陈年腐草泡出来的，有毒，喝了就会使肚子发胀，甚至中毒而死。别说喝，就是脚划破了，被这毒水一泡，也会红肿溃烂。

——摘自杨成武《忆长征》

1935年8月17日，毛泽东见红一军第二师第四团团长杨成武时，他要求先头团必须从茫茫草地上走出一条北上的行军路线来。8月18日，右路军先头部队从毛尔盖出发向班佑前进。8月下旬，毛泽东等领导人同右路军离开毛尔盖，开始了横跨松潘草

红军长征走过的荒无人烟的水草沼泽地

地的艰苦历程。松潘草地，面积约 15 200 平方千米，平均海拔 3 000 米左右。草地区域气候恶劣，昼夜温差大，年平均气温在零摄氏度以下，雨雪风暴来去无常，天气变幻莫测。每年 5 月至 9 月雨季来临时，草地成为沼泽国，越深入，沼泽越多。

8 月下旬，红军在毛儿盖藏民区域休整后，先遣团开始进入荒无人烟的水草沼泽地。由于不断受到风雨、寒冷和泥泞的侵袭，战士们的体力渐渐衰竭。特别是所带的干粮已吃尽，饥饿严重威胁着每位指战员。每当熬过一个饥寒交迫的夜晚，第二天继续前进时，不少战士就长眠在这片野地里。

一天，随右路军司令部行军的军委干部团团长陈赓，拉着同样疲惫的瘦马在草地上走着，忽然遇到一个十一二岁走不动的小

红军长征过草地时吃过的一种野菜

红军过草地时吃过的皮带（同类物品）

红军战士爬雪山、过草地时穿过的棕背心

红军。这个小红军，黄黄的小脸，一双大眼睛，两片薄嘴唇，鼻子有点儿翘，两只脚穿着破鞋，冻得又青又红。陈赓把马拉到小红军身边说："小鬼，你上马骑一会儿吧。"

小红军做出一副满不在乎的样子说："老同志，我的体力可比你强多了，你快骑上走吧！"

这怎么能瞒住陈赓呢，于是他用命令的口吻说："上去，骑一段路再说！"

小红军倔强地说："你要我同你的马比赛啊，那就比一比吧。"小红军一边说一边强撑起身子做出准备跑的样子。

"那我们就一块儿走吧。"

"不。你先走，我还要等我的同伴呢！"

陈赓看着小红军坚定又天真的表情，只好从身上取出一小包青稞面递给他："你把它吃了。"

小红军却把身上的干粮袋一拉轻轻地拍了拍，说："你看，鼓鼓的嘛。我比你还多呢。"

陈赓终于无话可说了，只好拉着马向草地深处走去。走着，走着，他突然预感到什么，大喊一声："不对，我受骗了！"立即调转马头，向来路奔去。

当陈赓找到小红军时，小红军已奄奄一息，陈赓抱着他问："你太累了吧？"

小红军极力睁开眼，说："不累……是为了革命咧！"说着便倒在陈赓的怀里，闭上了充满稚气的眼睛。

陈赓紧紧搂着小红军渐渐冷去的身子，一件硬物触到他的手，拿起一看，正是小红军那个鼓鼓的干粮袋，里面装着一块烧得发黑的牛骨头，上面留着深深的白白的牙印。陈赓拿着这块牛骨头，泪水夺眶而出……为了不影响战士们的情绪，他忍着泪，策马飞奔到无人的旷野，蹲在草地上仰天放声痛哭了一场。

长征小百科

红军为什么要爬雪山、过草地？

过雪山前，红一方面军有三条路可以选择。一条在雪山以西通过藏民居住密集区，当时民族关系比较紧张，容易引起冲突；一条在雪山以东，容易受到川军的袭扰与围堵；还有一条是中线，即翻越雪山，虽然路线偏僻、道路崎岖，却可以免去许多麻烦和阻力。

红军要过草地，是为了出敌不意，在最短时间内获得最佳的北上抗日路线。

突破天险腊子口

毛泽东下令"两天之内拿下腊子口"

腊子口是岷山山脉的一个重要隘口，位于甘肃省迭部县境内，是四川通往岷县的必经之路，素有天险之称。此隘口两边是悬崖峭壁，仿佛是被一把刀劈开了似的，既高又陡，无路可通。山口处约有30米宽，像一条石壁构成的长廊。中间是一条水流湍急的腊子河。河上架有一座东西走向的木桥，将两边绝壁连接起来，是进入腊子口的唯一通道。桥东头悬崖上筑有碉堡，驻有敌一个机枪排防守。红军进攻，必须经过三四十米宽、百多米长的一小片开阔地。敌人在这里部署了两个营的兵力；从山口直到岷县，纵深配置了三个团的兵力，严密封锁着红军北上的去路。如果红军拿不下腊子口，就无法继续北上，只有返回草地。因此，毛泽东下令："两天之内拿下腊子口。"

1935年9月13日，刚刚走出草地半个月的红一、红三军团和军委纵队先行北上，沿白龙江向莫牙寺前进。

穿着破烂不堪的单衣的红军战士，一路雨雪交加，经过了危险难行的栈道。栈道是古代留下的通道，修建在险峻的悬崖上，由一根根木桩插在凿好的石洞中，铺上木板建成。上面是悬崖绝壁，下面是急流奔涌的白龙江，在上面行走，使人头晕目眩，若不小心坠入江中，只能葬身鱼腹。反动派为了阻止红军进入甘南，已经破坏了部分栈道，红军一边修理，一边前进，同时还要对付敌人从山上放的冷枪，行军缓慢。经过两天努力，红军走了约180华里路，到达莫牙寺。

为了抢在敌人之前越过川甘边，进入甘南，红军决定打开通

红军长征中经过的莫牙寺附近的栈道

往岷县的咽喉要地腊子口。

9月15日，红四团奉中革军委之命连夜出发，穿过一片深山老林，向腊子口前进。在离腊子口约15华里处，击溃国民党新编第十四师鲁大昌部一个团的阻拦后，逼近天险腊子口，并俘虏了鲁大昌的副官及20多名军官，缴获大批物资。通过审问俘虏，红军了解了腊子口敌人的布防情况。

红四团到达腊子口附近后，立即进行侦察，发现敌人的防守有两个弱点：一是炮楼没有顶盖；二是敌人正面兵力集中，而侧翼的高山上没有设防。红军决定采取正面强攻和侧翼迂回的办法，突破天险腊子口。

红军组织了几次攻击，都因地形不利没能奏效。担任主攻的红四团不得不停下来，重新研究战斗方案。研究的重点是能否组织一支迂回部队，爬上腊子口侧面的悬崖峭壁，实施包抄夹击。一个外号叫"云贵川"的贵州籍苗族小战士毛遂自荐，很有把握地说："我在家采药、打柴，经常爬大山、攀陡壁，眼下这悬崖绝壁，只要用一根竹竿子，竿头绑上结实的钩子，用它钩住悬崖上的树根、崖缝、石嘴，一段一段地往上爬，就能爬到山顶上去。"听了他的话，大家如获至宝，因为只要有一个人能上去，一个连、一个营就可以上去。红四团领导在征得军团首长批准后，决心大胆尝试，把所有的希望都寄托在了"云贵川"的身上。

天将黄昏时，团长黄开湘率领迂回部队把"云贵川"护送过腊子河，悄悄地向腊子口侧面的绝壁处移动。"云贵川"赤着双脚，

天险腊子口

腰间缠满了战士们用绑腿带拧成的长绳，手握长竿，迅速到达绝壁下。只见他仰头朝上看了看，把长竿向上一伸，铁钩便紧紧地钩住树根，身子灵巧地攀爬上去，轻盈得像猿猴一样，时而攀登，时而停下。越往上，"云贵川"的身影就越小了。他的一举一动都牵动着每个指战员的心。不一会儿，只见一条条长长的绳子划着美丽的弧线从天而降，"云贵川"成功攀上了悬崖，铆足了劲儿的战士们顺着"云贵川"放下的长绳一个一个迅速地爬了上去。敌人在绝壁处没有设防，他们做梦也想不到红军能从刀劈似的悬崖边爬上来。红四团迂回部队的行动取得了成功。

拂晓，几颗信号弹先后升起，总攻开始了。攀上悬崖高处的迂回部队，看准下面敌人没有顶盖的炮楼和阵地，一个接一个地扔下手榴弹。所有轻机枪和冲锋枪一齐开火，打得敌人鬼哭狼嚎。正面担任强攻的突击队员们抡起雪亮的大刀，趁势冲向木桥，向敌人左砍右杀。不一会儿工夫，红军就攻占了隘口的两座炮楼，并向峡谷纵深扩大战果。经过近三个小时激战，腊子口两道防御阵地均被攻破。敌人全部溃散，红军占领了天险腊子口。这一仗缴获了敌人几万斤粮食、2 000斤食盐。对于刚走出雪山、草地急需粮食和食盐的红军来说，是一笔宝贵的财富。

腊子口战役，是中央红军进入甘南的决定性一战。这一战彻底粉碎了蒋介石企图把红军困死在雪山、草地的罪恶计划，为实现中央北上陕甘、开赴抗日前线的战略方针开辟了道路，是红军长征中具有重要意义的一仗。

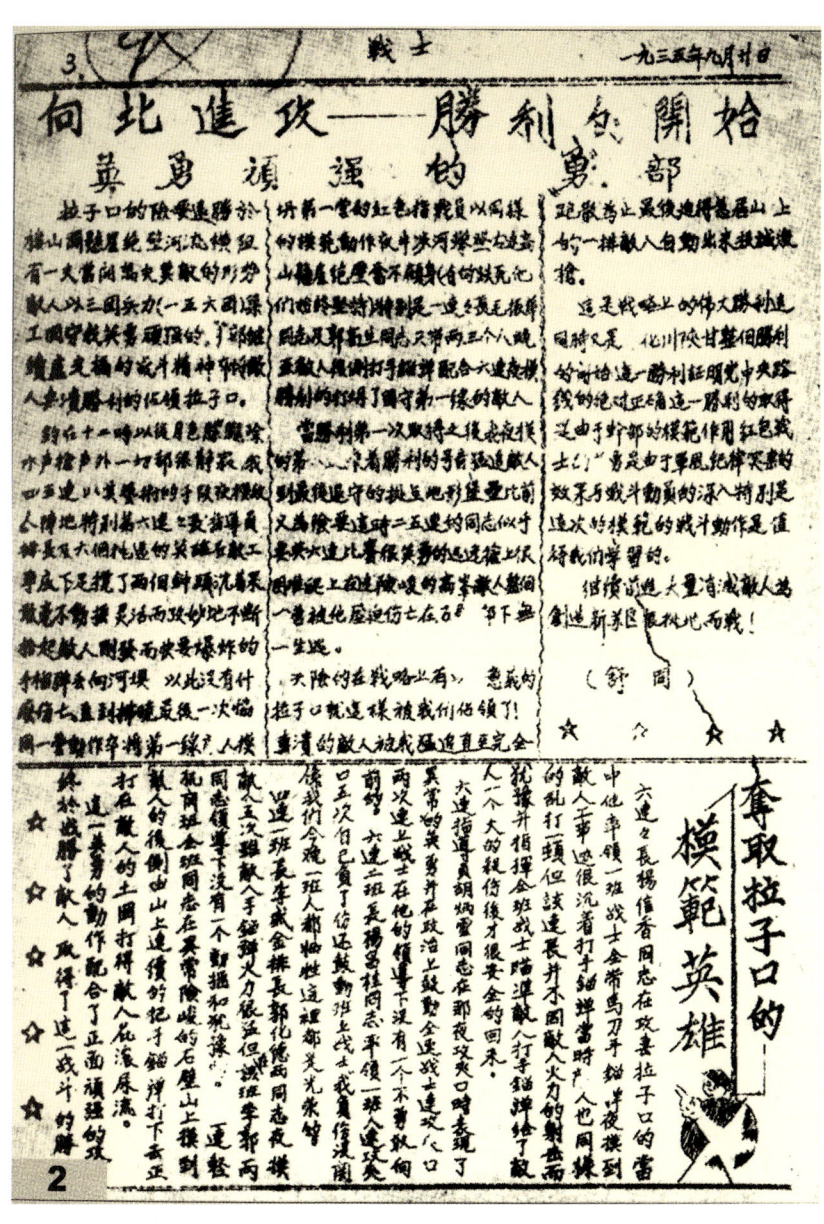

1935年9月20日,《战士》报刊登的红军攻破腊子口的消息(图片中的"拉子口"应为"腊子口")

长征小百科

红军在哈达铺改善伙食

红军突破天险腊子口，攻占哈达铺后，部队得到了休整。为了恢复几个月来爬雪山、过草地给红军带来的体力消耗，毛泽东等红军领导人决定，想办法改善伙食，尽快恢复体力。当时提出"大家要吃得好"的口号，并作为一项任务提出来，每人发一块银圆。当地物价低廉，红军又缴获了大批粮食、食盐等物资，各个单位杀猪宰羊，煮鸡煮鸭，每天三餐，餐餐三荤两素。战士们都开玩笑地说："我们又过年了。"红军还邀请当地群众参加会餐，密切了军民关系，老百姓把红军当成自己人，把自家的好酒好菜拿出来款待红军。经过一段时间的休整，红军指战员的体力大大恢复，精力充沛地准备迎接新的战斗。

根据地门外砍"尾巴"

红军将士回忆"一张报纸决定长征落脚点"

我们从驮子里查获到一批近期的报纸。其中有一张报纸上登载了徐海东率领的红军和陕北刘志丹（率领的）红军会合的消息，还有敌人称为"匪区"的陕北革命根据地略图等。我们长征走了2万多里，没有看过苏区，大家一看到陕甘宁有那么大地方，都十分高兴，就在这条消息上画了红杠杠。

毛主席看了我们画了红杠杠的徐、刘两部会合的消息后非常高兴，他笑容满面地连声说："好了！好了！我们快到陕北根据地了。"

——摘自曹德连《精神食粮》

中央红军翻过雪山，跨过草地，进入甘肃南部的哈达铺后，意外地从国民党报纸上了解到陕北革命根据地的情况。毛泽东等中央领导人看了报纸上的相关报道。1935年9月27日，中央政治局常委正式决定前往陕北，同徐海东、程子华、刘志丹率领的红十五军团会师。

10月19日,毛泽东率领的陕甘支队胜利到达陕北革命根据地吴起镇(今吴起县),标志着中央红军二万五千里长征胜利结束。战士们高兴地说:"我们真的回到自己家了!"

蒋介石得知毛泽东率领红一、红三军团向陕北方向前进,心情抑郁,暴躁异常,他对身边的亲信感慨道:"六载含辛茹苦,未竟全功。"他决定采取紧追骚扰的方针,不让红军有休息的机会,试图达到不战而削弱红军的目的。他命令东北军和马鸿逵、马鸿宾骑兵堵截袭击红军。根据蒋介石的命令,敌人4个多师的骑兵一直尾追红军,到达吴起镇。

1935年10月19日,红一方面军到达陕北吴起镇。图为吴起镇全景

毛泽东决定狠狠打击一下敌人，砍掉这条讨厌的"尾巴"，作为与陕北红军会师的见面礼。

毛泽东和彭德怀勘察敌情，布置任务。以干部团小部兵力阻击敌人，掩护大部队集结埋伏，待敌人进入红军伏击圈后，突然向敌人发起攻击。

干部团团长陈赓和政委宋任穷接到任务后，立即到干部团九连了解部队情况，陈赓问："你们连还有多少学员？"

"还有42名，加上炊事员和我们两个人，共有48名。"九连连长萧应棠回答，又急忙加了一句："虽然我们只有四十几个人，打国民党一个营没问题。"

"你们现在的装备如何？"

"有四挺轻机枪，是在土城缴获的，每挺有300发子弹；40支步枪、马枪，每支有七八十发子弹。还有24支在金沙江缴获的驳壳枪，20多把大刀，每人还有两三颗手榴弹，火力是蛮强的。"萧应棠回答。

陈赓、宋任穷听了汇报后，对萧应棠和支部书记张文礼说："好吧！那就把这个任务交给你们！"陈赓又继续说："敌人害怕我们与陕北红军会师，想把我们主力吸引在吴起镇以南地区，然后调集陕甘宁地区的反动军队来'围歼'我们。现在他们的马家骑兵又追上来了。毛主席说，后面的敌人是条讨厌的'尾巴'，一定要把这条尾巴斩断在根据地门外。你们的任务就是在这里把追击我们的敌人骑兵阻击住，掩护我主力部队在吴起镇集结。"

到达陕北吴起镇的红一方面军部分将士留影

接受任务之后,萧应棠和支部书记张文礼把首长的指示向部队进行了传达,命令一、二班负责东面的山坡,三班负责西面的山坡。

第二天,当太阳升上山头的时候,远处出现了3个敌人的骑兵。他们走走停停,不一会儿,在这3个骑兵的后面,又出现了30多名骑兵,一律骑着棕色马,高傲地向前走着。敌人越走越近,进入红军的射程时,红军的机枪、步枪立刻一齐吼叫起来。走在前面的3个尖兵,首先滚下了马。后面的30多个敌人,有的还没来得及停住步子，也滚下马来；有的跳下马就往田坎下面躲，连马也顾不得牵了。受了惊的马，有的摔掉了它的主人满山乱窜，有的拖着它的主人撒腿就跑。一个排的敌人就这样被打散了。

不到 10 分钟，一个连的敌人，又骑着一色的棕色马，挥舞着马刀，直向红军奔来。干部团的学员们都隐蔽在工事里，聚精会神地瞄准着目标。等他们冲进了红军的射程内，机枪、步枪一齐猛射。这群凶猛的"骑士"，几分钟以前，一个个还杀气腾腾，顷刻之间便和他们的前卫排一样，死的死，伤的伤，全部被打下马来。一部分活着的还想就地抵抗，红军立刻组织起特等射手，一枪一个地把敌人消灭在原地。敌人的第二次进攻又失败了。

打退了敌人的第二次进攻以后，学员们抓紧时间擦拭枪、弹，修补工事，准备再战。可是等了很久却没有看到敌人的影子。"敌人在搞什么鬼呢？"大家正疑惑时，突然听到西边山上枪声大作。不一会儿，只见远处的山坡上有人零零散散地往下跑。原来敌人想从左侧山上迂回，被干部团的警戒部队打了下来。学员们一见敌人到处碰壁，纷纷议论开了，有的说："他们不会甘心的，大战斗还在后面呢！"

果然不出所料，太阳偏西的时候，敌人以 3 架飞机作掩护，又以重机枪和迫击炮对红军阵地一阵狂轰滥炸。炸弹、炮弹震得山谷隆隆作响。敌人一面轰击，一面又集结了一个营的兵力，在炮火掩护下奔来。等轰炸持续了 20 多分钟后，敌人进到离阵地只有五六十米时，战士们一齐开火，成排的手榴弹在敌群中爆炸。

中国工农红军第一、二、四方面军会师纪念塔，邓小平同志题写塔名

敌人留下大片尸体后狼狈后撤。激战了一天的山沟，平静了下来。红军利用夜幕的遮掩，从敌人尸体上收集来一些枪支和子弹，准备给敌人更沉重的打击。

干部团九连的阻击为红军大部队的集结和埋伏争取了时间。10月21日晨，红军主力在吴起镇的头道川和二道川的山岭上和山沟里隐蔽好，等待敌人自投罗网。

夜幕笼罩了群山和田野，通信员忽然送来一封信，大意是说：干部团已完成阻敌前进任务，给主力创造了砍"尾巴"的有利条件，令在夜12时，将阵地移交给前来接防的友邻部队，撤至吴起镇附近的村庄休息。

学员们听说要撤走，都有些舍不得，一致说："不是要我们执行砍'尾巴'的任务吗？'尾巴'还没砍掉，为什么要我们走呢？"经过再三解释，大家才恋恋不舍地离开了阵地。

第二天中午，在宿营的村子前面，学员们果然看到了砍"尾巴"的战果：大路上满是棕红色、黑色、白色的马，马背上驮着一捆一捆枪支；一群群的俘虏，在红军战士的押解下，穿过看热闹的人群。乡亲们竖起大拇指夸奖道："你们真行呀，跑了这么多路，还没休息就打了个大胜仗！"战士们回答道："这是毛主席英明的指挥，在大门外把'尾巴'砍掉，进了门就干净利索了。"

长征小百科

长征歌

十月里来秋风凉，中央红军远征忙，星夜渡过雩都河，古陂新田打胜仗。

十一月里来走湖南，宜（章）临（武）兰（山）道（州）一齐占，冲破两道封锁线，吓得何键狗胆寒！

十二月里来过湘江，广西军阀大恐慌，四道封锁线都突破，势如破竹谁敢挡！

一月里来梅花香，打进贵州过乌江，连占黔北十数县，红军威名天下扬。

二月里来到扎西，部队改编好整齐，发展川南游击队，扩大红军三千几。

三月打回贵州省，二次占领遵义城，打垮王家烈八个团，消灭薛吴两师兵。

四月里来向南进，打了贵阳打昆明，巧妙渡过金沙江，浩浩荡荡蜀中行。

五月里来泸定桥，刘文辉打得如飞跑，大渡河天险从容过，十七个英雄姓名标。

六月里来天气热，夹金山上还积雪，一四两个方面军，懋功取得大会合。

七月进入川西北，黑水芦花青稞麦，艰苦奋斗为那（哪）个，为了抗日救中国。

八月继续向前进，草地行军不怕冷，草地从来无人过，无坚不摧是红军。

九月出发潘州城，陕甘支队东北行，腊子口渭河安然过，打了步兵打骑兵。

二万里长征到陕北，南北红军大会合，粉碎敌人新"围剿"，统一人民救中国！

陆定一、贾拓夫编于吴起镇
1935 年 10 月

附录

遵义会议纪念馆简介

遵义会议纪念馆是为纪念中国共产党历史上具有伟大历史意义的遵义会议而建立的专题纪念馆，是中华人民共和国成立后最早建立的21个革命纪念馆之一。1961年3月，国务院公布遵义会议会址为首批全国重点文物保护单位。

1955年10月，遵义会议会址经初步维修后，根据调查材料，复原陈列了遵义会议会议室、作战室，并对外开放。

1958年11月3日，参加过遵义会议的邓小平、杨尚昆来到遵义。一走进会址大门，杨尚昆便兴奋地说："就是这里，这个地点找对了。"走进会议室，邓小平看到室内依旧是当年摆设，立刻想起了当年开会时的情景，他肯定地说："会议就在这里开的。"他指着靠里边的一角说："我就坐在那里。"经两当事人的现场回忆，更进一步证实了遵义会议会址和会议室、作战室的认定准确无误。

1964年11月，毛泽东为会址题写了"遵义会议会址"六个大字，这是他唯一一幅为革命旧址题的字。1958年、1965年，邓小平两次亲临会址指导工作。1984年11月，邓小平还为修复后的红军总政治部旧址题写了"红军总政治部旧址"八个大字。1991年、1996年，江泽民两次视察遵义会议会址，挥毫敬录了毛泽东《忆秦娥·娄山关》词句："雄关漫道真如铁，而今迈步从头越。"胡锦涛在贵州工作期间曾多次来到会址视察，并签名留念。2015年6月，习近平总书记在百忙中参观了遵义会议会址和陈列馆并作了重要指示。

遵义会议纪念馆是"全国优秀社会教育基地""全国青少年教育基地""全国百个中小学爱国主义教育示范基地""全国100个爱国主义教育示范基地""全国爱国主义教育示范基地先进单位""国家一级博物馆"，总占地面积40 000多平方米，辖遵义会议会址，红军总政治部旧址，遵义会议期间毛泽东、张闻天、王稼祥、博古、邓小平住处旧址，中华苏维埃共和国国家银行旧址，红军警备司令部旧址，遵义会议陈列馆等场馆。建馆至今，遵义会议纪念馆接待国内外参观者9 000余万人次。

2015年，改扩建后的遵义会议陈列馆，总建筑面积为19 054平方米，展厅面积6 083平方米。展览以"遵义会议 伟大转折"为主题，以红军长征为主线，以遵义会议为重心，突出红军长征转战贵州的光辉史迹。

遵义会议陈列馆坚持"以人为本、资政育人、社会性、公益性、大众性、趣味性、开放性、传播性、启迪性"的原则，配置相应的文物，为参观者提供健康向上的精神文化产品，向世人很好地展示了红军的伟大长征精神。

后记

红军的长征为我们铸就了伟大的宝贵财富——伟大长征精神。

伟大长征精神的培育，不是简单地重复已有的历史知识，而是要不断挖掘伟大长征精神的丰富内涵。在建设中国特色社会主义的今天，虽然没有雪山和草地，但道路同样曲折而漫长，我们同样面临着历史和时代的挑战，面临着更为长期、更为严峻的考验。实现全面建成小康社会和全面建成社会主义现代化强国的战略目标，实现中国梦的宏伟目标，实现中华民族的伟大复兴，需要发扬新时代的伟大长征精神，需要青少年一代的奋发有为。

本书在编写过程中，参考了一些有关长征的书，在此，向这些书的所有作者、编者、出版者致敬！同时，本书的编写得到了我馆多位馆员及部分党史专家的热情帮忙，得到了大象出版社多位老师的无私帮助，一并向他们表示衷心的感谢！为大象出版社深挖红色文化、传承红色基因策划的这套书点赞！

由于我们对青少年的阅读心理和阅读兴趣还缺乏深入了解，因此书中内容与青少年的期望难免有一定差距，诚恳希望各界读者提出宝贵意见。

遵义会议纪念馆

2023 年 1 月